대 한 민 국
미 래 경 제
보 고 서

기업의 미래

대 한 민 국
미 래 경 제
보 고 서

The Future of Companies

기업의 미래

빅뱅 시대 新생존방정식

| 매일경제 미래경제보고서팀 지음 |

매일경제신문사

"매년 1월 미국 라스베이거스에서 열리는 국제전자제품박람회 CES는 이제 분기별로 열려야 할 듯합니다. 신제품이 그야말로 물밀듯이 쏟아져요. 1년에 한 번 기업들이 공들여 준비하는 CES의 신상품, 신기술은 3개월 뒤면 한물간 기술이 되기 십상입니다. 우리도 끊임없이 신기술을 개발하고 제품화하지 않고서는 기술을 따라가기도 벅찰 것 같습니다."

2016 CES에 다녀온 한 중견 디스플레이업체 대표는 최신 제품 트렌드를 이같이 표현했다. 트렌드 변화가 워낙 빨라 향후 1년을 내다보는 신기술의 전시장이 됐던 CES가 이제 3개월짜리 신제품을 자랑하는 백화점 수준으로 전락할 수도 있다는 의미였다. 실제 지난 몇 년간 신기술의 상징과도 같았던 '스마트폰'은 제품 발매주기가 연 단위에서 반기, 또 분기로 줄어들고 있다. 사실상

신제품을 파는 즉시 구형 제품이 되는 셈이다.

〈매일경제〉는 창간 50주년을 맞아 '매일경제 50년, 미래기업 50년'을 주제로 한국통합경영학회·한국경제연구원과 공동으로 미래기업의 생존 방정식을 연구했다. 특히 IT와 결합한 혁신적인 제품과 신개념 비즈니스 모델이 등장하고, 신흥국이 급부상하면서 기업 생태계가 송두리째 바뀌는 '빅뱅 디스럽션Big Bang Disruption, 빅뱅 파괴'에 주목했다. 빅뱅 디스럽션은 기존 제품과 서비스를 개선하는 데 그치지 않고 스마트폰, 자율주행차처럼 새로운 시장을 창조하며 기존 질서와 시장을 전면적으로 뒤흔드는 혁신을 뜻한다. 더 중요한 점은 이 같은 빅뱅 디스럽션이 연속적으로 온다는 것이다.

기존 제품 수명주기가 절반 이상으로 줄어들면서, 기업들도 빠르게 또 끊임없이 신상품을 개발해야 하는 현실에 직면했다. 이른바 샤크테일Shark Tail 현상이다. 정규분포 곡선을 그리던 제품 수명주기가 이제는 상어의 꼬리처럼 판매량이 급속도로 증가했다가 다시 급전직하하며 새로운 제품에 밀리게 된다는 분석이다.

예컨대 최근 모바일게임 시장은 하루가 멀다 하고 변하고 있다. 연간 50만 개에 육박하는 게임이 쏟아지고 있다. 하루 평균 1,300여 개에 달한다. 인기순위 1위 게임도 일주일을 버티지 못한다. 수년 전만 해도 전 국민의 게임이던 '애니팡'이 지금은 그 흔적조차 찾을 수 없게 됐다. 미국에서 유행했던 게임 '느로섬싱'

은 2,000억 원에 팔렸지만 1년 만에 핀란드 회사가 출시한 '앵그리버드'에 밀리며 회사 가치가 휴지 조각이 돼 버렸다.

빅뱅 디스럽션, 샤크테일 현상은 기업을 생존 위기로 내몰고 있다. 새로운 IT기업들이 우후죽순으로 쏟아지면서 이제는 경쟁자를 구분조차 할 수 없는 시대가 되고 있다. 전문가들은 '민첩한 적응력Agility'을 최우선 전략으로 꼽았다. 미래학자 다니엘 핑크는 "신속한 적응력은 빅뱅 디스럽션 시대에 기업이나 개인 모두에게 필요한 것이다. 빠르게 배우고 또 배운 것을 버리고 다시 새로운 것을 배우는 적응을 통해 상황에 맞게 변신하는 것이 생존법"이라고 설명했다.

글로벌 선두기업들은 샤크테일 경영, 샤오웨이, 크라우드 아이디에이션 등 민첩성을 강조한 빅뱅 시대의 생존전략을 실천하고 있다. IBM은 2012년부터 제품 개발 프로세스를 전면 개편하면서 필수 절차였던 시장조사 단계를 아예 없앴다. 오랜 시간이 소요되면서 제품 개발주기를 늦춘다는 판단에서다. 그 대신 IBM은 디자이너 1,500명을 고용해 개발자들과 함께 현장에서 콘셉트를 잡아 곧바로 제품을 만드는 방안을 시도하고 있다. 중국의 샤오미는 일주일 안에 제품 개발을 끝내는 초단기 프로세스를 개발했다. 세계적인 가전업체인 하이얼은 샤오웨이小微 전략을 구사하고 있다. 샤오웨이는 '작고 미세하다Small and Micro'는 뜻으로 대기업에 얽매이지 않는 빠르고 민첩한 소규모 조직을 만드는 전략이다. 2015년 기준 3,914개의 샤오웨이가 활동 중이다. 장루이민 하이얼 회장은 "궁극적으로 전 직원 개개인이 한 개의 회사처럼 움직이는 회사를 만드는 것이 목표"라고 설명했다.

국내 대표기업인 삼성전자는 회사 내·외부의 모든 아이디어를 끌어모으는 '크라우드 아이디에이션Crowd Ideation'인 집단지성 프로그램 모자이크MOSAIC를 2014년부터 활용하고 있다. 삼성전자는 모자이크 도입 이후 2년간 131건의 특허 출원과 52건의 사업화, 선행과제 21건을 연계하는 성과를 올렸다.

결국 한국 기업의 생존은 새롭고 혁신적인 아이템을 그 누구보다 빠르게 사업화하는 전략에 달려 있다. 가벼운 조직으로 빠르게 창업을 하되 모방이 가능한 사업이 아닌 핵심적인 플랫폼이나 혁신적인 사업을 만들어 내는 길만이 어딘가에 있을 경쟁업체를 이길 수 있는 무기가 되기 때문이다.

CONTENTS

CHAPTER 01

빅뱅 디스럽션

시대가 온다

지금은 빅뱅 디스럽션의 시대

　매년 초 열리는 세계 최대 가전쇼인 국제전자제품박람회CES의 2016년 주인공은 자동차였다. 제너럴모터스GM는 모터쇼가 아닌 가전쇼에서 신차를 발표했다. 또 9개의 차업체와 11개의 자동차 부품업체가 참여했다. 연이어 열린 디트로이트모터쇼가 '알맹이가 빠진 반쪽짜리' 행사로 전락했다는 평가가 나올 정도였다. CES와 디트로이트모터쇼가 차별성이 사라진 것은 '융합'과 함께 달라지는 산업의 모습을 단적으로 보여주는 사례다.

　자율주행차, 전기차, 스마트폰, 핀테크의 등장으로 전통적인 사업 모델이 붕괴되고 있다. 스마트폰의 등장과 함께 카메라, 캠코더, MP3플레이어, 시계, 녹음기 등이 시장에서 퇴출된 것은 물론 모든 산업의 표준이 '모바일'로 바뀌어 버렸다. 과거엔 점진적 혁신이 이뤄졌지만 이제는 플랫폼 기술 등이 바뀌면서 동시다발적인 붕괴와 창조가 이뤄지는 상황이다. 미국 경영전략가인 래리 다운스는 이를 '빅뱅 디스럽션Big Bang Disruption, 빅뱅 파괴 시대'라고 표현했다.

빅뱅 디스럽션이란 기존 제품이나 서비스를 개선하는 데 그치지 않고 스마트폰, 자율주행차처럼 새로운 시장을 창조하며 기존 질서와 시장을 전면적으로 뒤흔드는 혁신을 뜻한다. 동시다발적 혁신이 지속되면서 기업과 제품의 수명은 더 짧아지며 혁신과 빠른 적응이 중요해진다.

여기에 과거에는 글로벌 기업의 하청 수준의 생산을 담당했던 신흥국 기업들이 새로운 경쟁자로 빠르게 떠올라 글로벌 기업들을 위협하고 있다. 컨설팅업체 맥킨지에 따르면 포춘 500대 기업에서 중국 등 신흥시장 기업의 비중은 지난 1980년엔 5%에 불과했지만 2013년엔 26%로 늘었고, 오는 2025년에는 45%까지 치솟을 것으로 전망된다. 이들이 힘을 키우는 대신 북미·유럽 기업의 비중은 1980년 76%에서 2013년엔 54%로 쪼그라들었다.

신흥시장 기업들의 위협을 단적으로 보여주는 사례가 2015년 말 발표된 듀폰과 다우케미컬의 합병이다. 각각 1802년과 1897년 설립된 장수기업이 합병을 결정한 것은 '중국' 때문이다. 두 회사 모두 범용 및 고부가 제품에서 중국산과의 경쟁으로 수년째 실적 악화를 겪었다. 이들은 통합 후 2017년 농업·소재·특수제품 등 3개사로 분할되며, 중국 기업과 격차가 큰 농업 부문에 주력한다는 계획이다. 박수항 포스코연구소 수석연구원은 "범용 제품은 물론 고부가 제품 등에서 중국 업체의 추격이 심화되고 있으며 한국 업체들과의 기술력 차이는 조만간 거의 없어질 것"이라고 설명했다.

신흥국의 추격은 첨단 분야에서 더욱 매섭다. 중국 '반도체 굴기'를 선도하는 칭화유니의 지주사인 칭화홀딩스 쉬징홍 회장은 2016년 최대 2,000억 위안(약 36조 원)을 들여 인수합병M&A에 나설 것이라며 전쟁을 선포했다.

게다가 인구구조 변화, 신흥국 확대, 제조업 정책 변화 등이 맞물리며 밸류체인도 급변하고 있다. 구체적으로는 중국 중심으로 생산공장이 건설되던 것에서 베트남을 비롯한 아세안과 인도 등으로 생산거점이 확대되고 있다. 또 신흥시장의 내수가 성장하면서 '신흥국 생산, 선진국 소비' 구도 자체가 바뀌고 있다.

일례로 1980년 신흥시장에서 팔린 가전제품은 전체 매출의 14%에 불과했지만 2013년엔 이 비중이 56%로 늘었다. 이 밖에 전문가들은 상품과 기업의 생애주기가 급격히 짧아지고 있는 것을 위협 요인으로 꼽고 있다.

자문단인 국내 대표 경영학자 50인에 대한 심층 인터뷰 결과에서도 기업을 위협하는 환경 요인으로 빅뱅 디스럽션(32%)과 밸류체인 변화(30%), 그리고 신흥국 기업의 부상(20%)이 1~3위로 꼽혔다. 급격한 기업 환경 변화는 기업들의 생존을 어렵게 만들

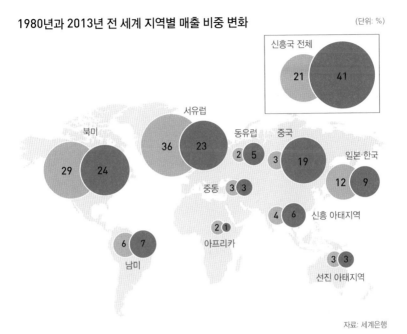

1980년과 2013년 전 세계 지역별 매출 비중 변화 (단위: %)

신흥국 전체
21　41

서유럽
36　23

북미
29　24

동유럽
2　5

중국
3　19

일본·한국
12　9

중동
3　3

신흥 아태지역
4　6

아프리카
2　1

남미
6　7

선진 아태지역
3　3

자료: 세계은행

고 있다. 2015년 고객사 대상 강연회에 나선 존 챔버스 전 시스코 CEO는 "디지털 시대의 확산과 함께 10년 안엔 40%의 기업이 사라질 것"이라고 전망하기도 했다.

LG경제연구원이 5년 단위로 11개 업종의 글로벌 상위 15개사 순위를 비교, 분석한 결과 전체 업종에서 최근 5년 새(2009~2014년) 22%의 기업이 순위가 바뀌었다. 직전 5년(2004~2009년) 동안 16%였던 것에 비해 크게 늘어난 숫자다. 해가 갈수록 기업들이 현재의 위치를 지키는 것조차 힘들어지고 있는 셈이나.

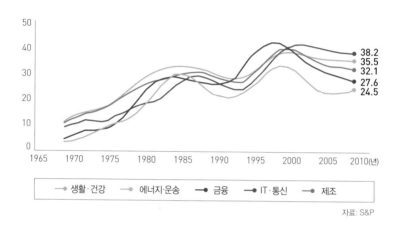

산업별 창업 5년 후 파산 위험도 (단위: %)

자료: S&P

그래프 내 수치: 38.2 / 35.5 / 32.1 / 27.6 / 24.5

범례: → 생활·건강 → 에너지·운송 → 금융 → IT·통신 → 제조

1950년대 말에는 S&P500지수에 포함된 기업들이 리스트에 머무는 평균 기간은 55년이었지만 1970년대에는 30년으로 줄었다. 이 수치가 2020년에는 10년으로 짧아질 것으로 전망된다. 통계청에 따르면 한국 기업들의 5년 생존율은 30.2%에 불과했다. 다람쥐의 기대수명(5년)보다 더 짧은 셈이다. 버지니아 로메티 IBM CEO는 최근 기업의 생존 환경이 급격히 변하고 있다면서 "빠른 변화의 시대에서 승리하는 실버 불릿Silver Bullet, 묘책은 아이디어의 속도"라고 말했다.

전례 없는 변화가 겹치면서 기업들은 '상시적 위기'에 노출된 상태다. 보스턴컨설팅그룹이 3만 5,000개의 미국 상장사를 분석한 바에 따르면 상장 후 5년 내에 '파산 위험Mortality Risk'에 직면할 확률이 32%에 달한다. 10개 기업 중 3개가 5년 내 무너질 수 있다는 얘기다. 보스턴컨설팅그룹은 "업종, 기업의 규모, 업력 등에 상관 없이 위기가 닥치고 있다. 특정 기업이 아니라 모든 기업이 상시 적 위기에 직면해 있다"고 지적했다.

빠르게 변신하라,
샤크테일 경영

2015년 국내 게임 시장에는 47만여 종의 모바일게임이 쏟아졌다. 하루 평균 1,287개의 게임이 출시된 셈이다. 하지만 이는 직전 해의 52만 개에 비해서는 오히려 줄어든 것이다.

한국콘텐츠진흥원 등에 따르면 애니팡, 히트, 레이븐 등 하루라도 인기순위 1위를 한 게임은 총 65개였으며 평균 1위 기간은 6일이 채 안 됐다. 대부분의 제품이 하루살이로 끝나고 마는 것이다. 세계적인 인기를 끈 제품이라고 해도 예외가 아니다. 미국 징가Zynga는 약 2,000억 원을 들여 히트작 '드로섬싱'을 인수했지만 핀란드 신생 스타트업이 내놓은 '앵그리버드'에 밀려 인수 1년 만에 서비스를 중단했다. 징가의 기업가치도 인수 직전 90억 달러(약 10조 8,000억 원)에서 서비스 중단 후엔 20억 달러(약 2조 4,000억 원)까지 떨어졌다. 고사양 모바일게임이 본격적으로 출

연도별 모바일게임 출시 현황

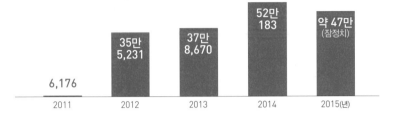

(단위: 개)

연도	출시 수
2011	6,176
2012	35만 5,231
2013	37만 8,670
2014	52만 183
2015(년)	약 47만 (잠정치)

연도별 게임 출시 현황

(단위: 개)

장르	2011년	2012년	2013년	2014년
아케이드	306	594	299	197
PC·온라인	1,024	890	549	512
비디오·콘솔	521	457	454	463
모바일	6,176	35만 5,231	37만 8,670	52만 183

자료: 게임물관리위원회

시되기 시작한 2011년 이후 나오는 제품의 수명은 날로 짧아지고 있다.

이는 빅뱅 디스럽션 시대를 살아야 하는 미래기업들이 모두 직면하게 될 현실이다. 빅뱅 디스럽션은 제품, 기업, 산업의 수명을 빠르게 단축시키고 있다. 새로운 영역의 제품이 동시다발적으로 쏟아지면서 제품과 기업의 수명이 현격히 짧아지는 현상에 맞춰 빠른 의사결정을 하는 것을 '샤크테일Shark Tail 경영'이라고 한다. 기업과 상품의 생애주기가 급격히 성숙했다가 사그라드는 모습이

샤크테일이란

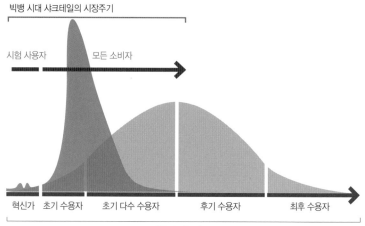

빅뱅 시대 샤크테일의 시장주기

시험 사용자　　모든 소비자

혁신가　초기 수용자　초기 다수 수용자　후기 수용자　최후 수용자

제품 수명주기

상어 꼬리와 닮은 데서 명명됐다.

기업 입장에서 최선의 선택은 스스로 빅뱅 디스럽션을 선도하는 것이다. 아이폰을 출시한 애플, 전기차 시장에서의 테슬라 등이 대표적 예다. 그러나 플랫폼을 만들어 내는 것은 지극히 어려운 일이다. 대부분의 기업에는 플랫폼 변화에 맞춘 다양한 신제품을 출시하고, 그사이 또다시 새 트렌드를 반영한 제품을 구상하는 민첩성이 요구된다.

글로벌 기업들은 이미 이런 샤크테일 경영에 나서고 있다. 대표적인 예가 IBM이다. IBM은 지난 2012년 이후 제품 개발 프로세스를 전면 개편하고 있다. 기존 시장조사를 거쳐 제품 콘셉트를 잡고 이를 연구해 출시하는 식으로는 속도 변화를 따라잡을 수 없다고 판단해서다.

시장조사 과정을 아예 없애는 대신 디자이너를 대폭 보강해 이들이 현장에서 직접 제품 콘셉트를 잡고 개발자들과 협업하도록 했다. 2015년까지 이미 1,100명의 디자이너를 추가로 고용했고 2016년 말까지 이 숫자를 1,500명으로 늘릴 계획이다. 이 디자이너들을 전 세계에 퍼져 있는 24개 디자인스튜디오나 현장에 배치했다. 또 '디자인 싱킹Design Thinking'이란 이름의 교육을 통해 전 직원에게 디자인 업무를 가르치고 있다.

샤오미는 '개발(월요일)→사용자 피드백(화요일)→업데이트(수요일)→내부 테스트(목요일)→발주(금요일)'가 이뤄지는 식으로 일주일 안에 모든 것을 끝내는 체계를 갖췄다. 제품의 고기능, 고품질 등 자체 가치보다 결국 소비자가 필요로 하는 제품이 무엇인지 파악하는 게 우선이다. 샤오미는 시장성보다는 소비자가 꿈꾸는 상품을 빠르게 구매 용이한 가격에 판매하는 혁신 전략으로 성공에 다가섰다는 평가를 받고 있다.

제너럴일렉트릭GE 역시 비슷한 식으로 제품 개발 과정을 줄인 최소실행제품MVP, Minimum Viable Product 전략을 추진한다며 "GE 가스터빈은 고객이 필요한 부분만 설계, 공급하는 방식으로 제작 기간을 3년에서 절반으로 줄였다"고 설명했다.

사크네일 싱엉의 핵심은 이처럼 가속노와 '창소'가 봉시에 일어

나야 하는 것이다. 전방위에서 모든 것이 사라지다 보니 '패스트 팔로우Fast Follow' 할 대상 자체가 없다. 그만큼 단순한 속도가 아닌 '창조를 이뤄 내는 속도'가 중요해졌다.

이장우 경북대 교수는 "경쟁력의 원천이 과거에는 원가, 품질 등이었다면 이제는 새로운 가치 창출, 즉 창조로 바뀌었다. 지속적으로 창조를 이어가야 한다는 것이 현재 기업들이 위기에 직면한 근본 원인"이라고 설명했다. 구글, 페이스북 등이 새로운 기술이 등장할 때마다 자체 개발보다는 M&A에 나서는 것도 이 때문이다. 개발을 통해 따라가려고 했다가는 기술의 변화 속도를 따라잡지 못하고 결국 해당 분야에서 뒤처질 수밖에 없다는 것이다.

스타트업에만 국한된 얘기가 아니다. 2015년 GE는 '2020년까지 세계 10대 소프트웨어회사가 되겠다'는 성장 전략을 내놨다. 제조업체, 금융기업을 거쳐 다시 제조업으로 복귀하는가 싶던 GE가 이제는 소프트웨어기업이 되겠다고 선언하고 나선 것이다. 구체적으로 GE는 전 세계 공장과 플랜트, 발전소 등을 연결해 효율성을 배가하는 방법으로 2015년 이 분야에서 50억 달러(약 5조 9,000억 원)를 벌고, 2020년까지 150억 달러(약 17조 9,000억 원) 매출을 올리겠다는 목표를 세웠다. '프레딕스' 등 GE가 개발한 공개 프로그램으로 전 세계 공장에 설치된 기계들을 연결하여 확보한 데이터를 이용해 관리·사후관리 서비스 등까지 차지하고 새로

빠르게 진화하는 GE의 사업 포트폴리오 (단위: %)

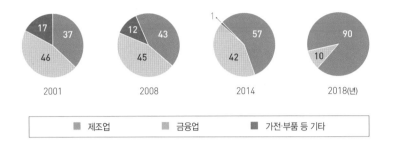

2001   2008   2014   2018(년)

■ 제조업   ■ 금융업   ■ 가전·부품 등 기타

운 기업으로 변모시키겠다는 것이다.

GE가 소프트웨어센터를 실리콘밸리에 설립하고 전문 인력을 공격적으로 확보하기 시작한 것이 지난 2011년이다. 124년 역사를 가진 연 매출 1,500억 달러(약 179조 8,000억 원)의 공룡기업 GE가 4년 만에 사업 전략 방향을 대전환한 셈이다. 2016년 1월에는 GE의 모태인 가전사업을 중국 하이얼에 매각했다.

제프리 이멜트 GE 회장은 2015년 크로톤빌 연수원에서 열린 리더십 콘퍼런스에서 "지금은 적이 누군지도 알 수 없는 때다. 이럴 때일수록 속도에 더 집중해 빠르게 변신해야만 한다"고 강조했다.

조직 구성은 작고 민첩하게, 샤오웨이 전략

장루이민 하이얼 회장

장루이민 하이얼 회장은 2013년부터 2년에 걸쳐 전체 직원의 30%에 해당하는 2만 6,000여 명의 인력 구조조정을 실시했다. 단순히 해고를 한 것으로 그치지 않고 이들을 다시 샤오웨이회사小微公司 직원으로 재고용했다. 형식상은 '해고'였지만 실질적으로는 중간 관리층을 없애고 지휘체계를 수평화한 후 회사 내부에 수많은 벤처회사를 만드는 '개혁'을 진행한 것이다.

'작고 미세하다Small and Micro'는 뜻인 '샤오웨이'라는 이름처럼 구조조정의 목표는 대기업의 틀에 얽매이지 않는 소규모 조직을 만드는 것이었다. 2015년 기준 중점 샤오웨이만 3,914개가 활동 중이다. 장 회장은 "궁극적으로 전 직원 개개인이 한 개의 회사처럼 움직이는 회사를 만드는 것이 목표"라고 설명했다.

실제 게임 전용 노트북을 만드는 '레이선雷神', 휴대폰 앱을 통해 가정 내 수질을 체크하는 '수이허쯔水盒子' 등은 하이얼 샤오웨이 출신으로 성공가도를 달리고 있다. 이들은 하이얼의 지원 아래 독립적인 경영을 하고, 하이얼의 물류나 유통 플랫폼을 활용하며 원할 경우 다른 채널을 활용할 수도 있다. 사실상 회사 내 직원 모두가 창업을 하는 효과를 내는 것이 장 회장, 그리고 하이얼의 목표다.

제품 주기가 빠르게 변하면서 기업들은 다량의 새로운 제품 개발에 더욱 매진할 수밖에 없다. 특히 1위 제품을 빠르게 모방하는 '패스트 팔로어Fast Follower' 전략이 점점 무의미해지면서 새로운 제품에 대한 경쟁은 더욱 치열해지고 있다. 또한 시장은 하나의 완벽한 제품Masterpiece이 탄생하기까지 수년이 걸리는 개발 과정을 기다려 주지 않으며, 과도하게 복잡하고 다양한 기능을 원하지도 않고 있다. 결국 기업은 선택과 집중에서 '엔젤Angel투자'로 전략을 바꾸고 있다. 벤처캐피털과 같이 다수의 엔젤투자를 통해 가능성 있는 다량의 제품을 준비하고, 시장과의 실시간 소통을 통해 다수가 실패하더라도 일부 킬러아이템은 초기 수용자 단계에서 폭발적인 매출을 이끌어 내는 방식이다.

글로벌 기업들은 이미 이 같은 사내벤처를 활용한 엔젤투자 육

조직 슬림화 샤오웨이 전략 나서는 글로벌 기업들

기업	샤오웨이 전략
하이얼	사원 2만 6,000명 해고 후 재고용, 전체 사내벤처화
도요타	연 매출 5,000억 원 계열사 1,000개 설립 전략
GE	최소실행제품(MVP), 결정 단계 최소화, 고객 맞춤형 기능 최적화 제품 개발 전략

도전에 나서고 있다. 이병헌 광운대 경영학과 교수는 "한 방을 찾기보다 작은 여러 사업에 동시다발적으로 씨를 뿌리는 것이 중요하다. 도요타는 매출 500조 원의 단일 기업이 아닌 매출 5,000억 원의 1,000개 기업을 만드는 전략으로 가고 있다"고 설명했다. 김양민 서강대 교수는 "20세기 산업화 시대엔 GM, 월마트 등 대기업의 수직계열화와 규모의 경제가 핵심 자산이었지만 미래엔 오히려 조직을 굼뜨게 만드는 부채로 작용할 것"이라고 지적했다.

기업 내부의 빠른 의사소통과 제품 생산을 위해 조직 구성도 획기적으로 단순화되고 있다. 예컨대 GE는 최소실행제품MVP, Minimum Viable Product 전략을 추진하고 있다. 제품의 개발 단계와 의사소통 체계를 최소화하고, 최고의 기능을 갖춘 제품을 생산하기보다는 고객이 원하는 수준의 제품을 빠르게 만들어 내는 전략이다. 이에 따라 기존에 10단계에 이르렀던 제품 아이디어 제안에서 실제 개발까지의 과정이 3~4단계로 줄어든다.

이 과정에서 고객과의 실시간 소통을 통해 고객이 필요로 하는 수준에 맞춘 다양한 제품을 만들어 내는 것이 관건이다. 과다한 기능이 들어간 제품은 개발비용과 시간 등 투자 폭이 커지지만 그만큼 목표 고객 수도 늘어나기 때문에 고객 맞춤형 제품이 될 수 없다는 시각이다. 최근 소비의 트렌드를 살펴봐도 필요한 기능을 최적화, 단순화한 제품으로 고객의 지향점이 달라지고 있다.

조병렬 GE코리아 전무는 "GE는 고객과의 소통을 바탕으로 한 간소화Simplification와 스피드Speed를 최고의 목표로 두고 있다. 실제 발전소에 들어가는 GE 가스터빈은 간소화의 방법으로 고객이 필요한 부분만 설계, 공급하는 방식을 써서 최근 제작 기간을 3년에서 절반으로 줄였다"고 설명했다.

이장혁 고려대 경영학과 교수는 "제품의 고기능, 고품질 등 자체 가치보다 결국 소비자가 필요로 하는 제품이 무엇인지 파악하는 게 우선이다. 예컨대 샤오미는 시장성보다는 소비자가 꿈꾸는 상품을 빠르게, 구매 용이한 가격에 판매하는 혁신 전략으로 성공에 이르고 있다"고 분석했다.

아이디어는 전사적으로, 크라우드 아이디에이션

새로운 아이디어, 신제품에 대한 기획안은 더 이상 기업의 개발부서만 담당하는 게 아니다. 기업의 모든 유관부서부터 넓게는 협력업체까지 공동 작업할 수 있어야 한다. 특히 기업 외부자에게도 아이디어를 받아 단시간에 매력적인 상품으로 제품화할 수 있는 능력이 필요하다. 가능한 한 모든 아이디어 자원Resource을 수집해 경쟁사보다 먼저 출시하는 게 샤크테일 경영의 해법이다.

우수한 사례는 국내 기업인 삼성에서 찾을 수 있다. 삼성전자는 기업 내 아이디어를 모두 끌어모아 공개토론 하는 집단지성 프로그램 도입에 앞장서고 있다. 삼성전자는 2014년 3월 사내에 '모자이크MOSAIC'라는 새로운 시스템을 도입했다. 모자이크는 삼성전자가 자체 개발한 플랫폼으로, 사내 임직원들 간 지식과 아이디어를 마음껏 나눌 수 있는 집단지성 프로그램이다. 지식과 아이디어를 공유하는 것은 물론 아이디어를 모으고 개발하는 제도, 또 그에 따른 보상 정책 및 교육과 기업을 관통하는 문화 개선까지 이뤄 내겠다는 계산이 깔려 있다.

출범 이후 1년 이상 지난 2015년 6월, 페이지 뷰는 약 5,700만 건, 하루 평균 접속자 수는 5만 7,000여 명에 달했다. 삼성전자 임직원이라면 누구든 참여할 수 있는 플랫폼인 모자이크에 오른 전체 제안과 게시글 수는 210만 건이 넘었다. '아이디어Idea'에 '사람People'을 더한다는 기본 콘셉트에서 시작한 모자이크가 도입된 후 사내 제안은 3배, 공동 참여율은 36배 증가했다.

모자이크는 크게 다섯 가지 서비스를 제공한다. 오픈 디스커션Discussion 서비스인 '스파크Spark', 새로운 아이디어를 제안할 수 있는 '아이디어 마켓Idea Market', 누구나 질문하고 답할 수 있는 '퀘스천스Questions', 온라인 협업 공간인 '커뮤니티Community', 여기서 파생된 오프라인 모임인 '스퀘어Square'가 주된 서비스다.

필요한 전문가를 검색할 수 있는 '휴먼 라이브러리Human Library', 연구 및 개발의 결과물을 공개하고 임직원에게 평가, 검증받을 수 있는 서비스인 '모자이크 스토어MOSAIC Store' 등도 제공된다. 20만 명의 해외 임직원들이 참여할 수 있는 '모자이크 글로벌MOSAIC Global' 버전도 운영 중이다. 올 초 영어 버전이 도입됐으며, 2015년 4월부터 번역 서비스와 글로벌 질문 서비스가 제공되고 있다.

삼성전자 임직원들이 집단지성 프로그램인 '모자이크'에 참여해 토론을 나누고 있다.

참여자들에게는 금전적 포상도 있다. 모자이크를 통해 조직된 사내 스터디 그룹에 대해선 장소 및 활동비 지원까지 이뤄지며 집단지성, 즉 'Collective Intelligence'의 머리글자를 따서 이름 붙인 '코인COIN 제도'를 통해 참여자의 활동은 실시간 금전적으로 적립된다.

삼성전자는 일평균 5만 명이 접속하는 모자이크 프로그램을 통해 2014년부터 2015년 상반기까지 1년여에 걸쳐 56개의 아이디어 공모전 및 143건의 온라인 토론회를 열었다. 그 결과 131건의 특허 출원과 52건의 사업화, 선행과제 21건을 연계하는 등의 성과를 올렸다. 스마트폰의 근거리통신NFC칩 성능 개선 아이디어는 650억 원의 비용을 절감하게 했다.

기업 외부, 소비자와 함께하는 아이디어 아웃소싱도 진행되고

있다. 신흥 IT기업으로 떠오르고 있는 중국
의 샤오미는 '오픈 포럼Open Forum'을 운영하고
있다. 샤오미 제품을 써 보고 건의할 의견이
있는 소비자라면 누구라도 오픈 포럼에 접
속해 자신의 경험에 기초한 제언을 할 수 있
다. 샤오미는 고객의 문의에 즉각적으로 대

삼성전자 집단지성 프로그램
모자이크.

응하며, 제품을 위한 제언은 엔지니어들이 즉시 제품에 반영하고
있다. 제품 업데이트는 일주일 간격으로 진행되며 빠르게 고객
만족에 다가서고 있다. 샤오미가 진화하는 비결 중의 하나가 아
이디어를 끌어오는 '크라우드 아이디에이션Crowd Ideation'에 있는 것
이다.

GE의 경우 한때 '퍼스트 빌드First Build' 프로그램을 실시하기도
했다. 고객이 제안한 아이디어를 기획에 반영하고, 고객과의 협
업을 통해 실제 제품을 만들어 내는 것이다.

톰 켈리 IDEO 대표는 직원의 아이디어를 포스터로 만들어 과
학경연대회처럼 벽에 붙여 의견을 전달하는 3M, 매년 아이디어
장터를 열고 전시관을 만드는 프록터앤드갬블P&G 등을 소개했다.
그는 "이런 노력이 회사의 경직된 분위기를 뒤흔들 수 있다. 회사
내·외부를 가리지 않는 '아이디어 크라우드소싱'을 해야 한다"고
조언했다.

인재는 금전 보상 아닌
회사 비전으로 모아야

　"높은 연봉 등 금전적인 보상보다는 회사의 미래 비전으로 인재를 포섭해야 한다. 실리콘밸리의 최고 인재들이 서너 곳의 대기업 오퍼를 마다하고 신생벤처로 가는 이유는 바로 여기 있다."

　세계 최고 혁신기업으로 꼽히는 IDEO의 톰 켈리 공동대표는 인재는 금전 보상보다 회사의 비전으로 확보해야 한다고 강조했다. 이익, 성장 이상의 목표를 회사가 제시해 줄 때 진짜 인재들이 몰려든다는 것이다. 세상을 변화시킬 만큼 원대한 것이면 더욱 좋다는 게 그의 생각이다.

　그에 따르면 의사결정 과정 속에서 경영진이나 젊은 직원들이 자유롭게 정보를 공유하고 의견을 더함으로써 기업의 수명도 늘어날 수 있다. 기업을 이끄는 리더는 임직원들이 회사에 매력을 느끼도록 지속적으로 고민해야 하며, 글로벌 경쟁이 치열해지고 인재 이동이 잦아지는 만큼 인재 관리 문제가 기업의 핵심 이슈로 부상할 것이란 전망이다.

기업의 생존조건에 대해서는 '변화'가 가장 중요하며, 변화를 위해서 빠르고 민첩할 것을 주문했다. 그는 "덩치 큰 회사가 인지도를 쌓고 브랜드를 구축하던 과거 방식은 더 이상 통하지 않을 것이다. 새로운 시장, 트렌드, 사람들 수요에 민감하게 반응하려면 회사 규모는 그다지 중요하지 않다"고 설명했다. 미래기업은 빠르고Fast 민첩한Nimble 속성을 가져야 한다는 결론이다.

켈리 대표는 미국 실리콘밸리 소재 IDEO 본사 맞은편에 위치한 팔란티르라는 회사를 예로 들었다. 팔란티르는 빅데이터 분석 기법으로 기업 간 거래 사업 모델을 수립해 최근 몇 년간 수십 배 성장한 스타트업이다. 그는 "들어 본 적 없는 작은 회사였지만 이제 이 회사가 세상 판도를 바꿀 기업으로 경제신문에 등장하고 있다. 기존 판을 뒤흔들 민첩한 신생기업이 우후죽순 생겨나고 있다"고 말했다.

IT 분야에서 대기업 화두는 여전히 스마트폰과 스마트워치에 머물러 있다. 하지만 미래기업의 화두는 보다 앞서 나간 '스마트 환경'이 될 것이라고 그는 예상했다. 켈리 대표는 "단일 제품 시대는 끝났다. 맥락을 서시석으로 실세 내나볼 줄 아는 기업이 살아남을 것"이라고 말했다.

IDEO는 1989년 데이비드 켈리가 미국 실리콘밸리에 설립한 세계적인 디자인 컨설팅기업이다. 초기에는 애플 등 컴퓨터기업을 상대로 디자인 컨설팅을 시작했다. 2014년에는 〈비즈니스위크〉가 선정한 '가장 혁신적인 기업 25'에 뽑혔다. 선정 소식보다는 나머지 24개사의 디자인 컨설팅을 담당하고 있다는 사실이 드러나면서 주목받았다.

칫솔의 부드러운 손잡이 등 수많은 제품이 IDEO로부터 탄생했다. 미국 스탠퍼드대 내 디자인 협동과정에도 IDEO가 깊이 관여하고 있다. 디자인업계에서는 가장 닮고 싶은 기업, 롤모델로 삼을 만한 인재들이 다니는 곳으로 알려져 있다. 현재 데이비드 켈리(형), 톰 켈리(동생) 공동대표 체제로 운영되고 있다.

CHAPTER **02**

기업가정신과 성장동력
잃어 가는 한국

'소득 2만 달러' 함정에 빠진 한국 기업

#1. 중견 전자부품업체인 K사는 최근 인도 공장 설립 계획을 무기한 보류 했다. 투자 여력은 있지만 불확실성이 크다는 게 결정적인 이유다. K사는 당분간 한국과 중국 공장 체제를 유지하며 삼성, LG 등 국내 대기업의 인도 진출이 보다 활발해지면 재검토에 나설 방침이다. K사 대표는 "현재 순이익 3% 정도로 무리할 이유가 없다. 경기가 좀 나아지고, 국내 대기업이 터를 먼저 닦아 놓으면 그때 안정적으로 진출할까 한다"고 전했다.

#2. 자동차 부품 도금업체인 C사는 2015년 영업이익이 제로에 가까워졌다. 30억 원대 연 매출로 도금 가공비용을 빼고, 인건비를 충당하면 남는 돈이 없다는 게 사측의 설명이다. C사 대표는 "1~2차 협력사들도 영업이익이 3%가 나지 않아 제품 단가를 계속 내리면서 2~3년 전 그나마 3%였던 이익이 2015년에는 거의 사라졌다. 회사가 이익을 창출하고 새로운 연구개발을 하기는커녕, '인건비 따먹기'의 용역회사로 전락하고 있다"고 한숨을 내쉬었다.

국내 기업들은 수익성 하락, 수출 감소, 투자 감소, 내수 침체 등 4중고의 전방위적인 위기를 맞고 있다. 불황 속에 진취적인 투자를 꺼리고 내수 먹거리에만 의존하는 이른바 '2만 달러 병'에 걸리면서 미래 경쟁력도 위협받고 있다. 특히 향후 인구 감소에 따른 '인구 오너스Demographic Onus' 시대로 말미암아 경제동력까지 사라질 위기에 처했다. 인구 오너스 현상은 생산가능인구(15~64세)가 늘면서 생산성과 소비가 늘어나 경제 성장 요인이 발생하는 인구 보너스Bonus 현상과는 반대로, 생산성과 소비가 줄고 고령화에 따른 세금 부담 등으로 국가 및 기업 경쟁력이 약화되는 것을 말한다.

한국경제연구원에 따르면 해외 경쟁기업 대비 국내 기업의 수익성, 즉 매출증가율과 영업이익률이 크게 뒤처지는 것으로 조사됐다. 먼저 매출증가율은 2010년 15.23%를 끝으로 연도별로 8.1%, 6.34%, 2.38%, 0.6%로 떨어졌다. 2015년에는 매출이 감소세로 돌아서며 역성장 위기에 처했다. 같은 기간 신흥국이 20%에서 5.5%로 떨어졌고, 경제협력개발기구OECD 평균은 7%에서 3.5%로 감소했지만 국내 기업 대비 3~5%p 이상 높은 증가율을 보였다.

영업이익률도 마찬가지다. 국내 기업의 영업이익률은 2010년 6.19%에서 2013년 3.95%로 떨어졌으며 2014년에는 4.23%로 겨우 4% 선을 턱걸이하고 있다. 반면 OECD 국가 평균은 2010년

감소하는 국내 기업 매출증가율 및 영업이익률　　　　　　(단위: %)

매출증가율	2011년	2012년	2013년	2014년
한국	8.1	6.34	2.38	0.6
OECD	7.66	3.78	2.46	3.48
신흥국	13.16	7.52	6.28	5.55

영업이익률	2011년	2012년	2013년	2014년
한국	4.83	4.17	3.95	4.23
OECD	6.52	6	6.09	6.37
신흥국	6.33	5.76	6.03	6.31

6.72%에서 2014년 6.37%로 꾸준히 6% 이상을 유지하고 있다. 신흥국도 6% 이상으로 국내 기업 대비 2%p 이상 높다. 김미애 한국경제연구원 선임연구원은 "국내 기업은 해외 기업 대비 내수 시장 의존도가 높아 매출 다변화에 약하고, 노동 시장의 경직성 으로 인해 고정비 지출도 많은 탓에 경제 불황에 더 큰 취약성을 보이고 있다"고 설명했다.

수출 시장도 중국과 일본의 '샌드위치' 신세를 극복하지 못하고 있다. 한국무역협회에 따르면 2015년 1월부터 11월까지 아세안 ASEAN 수출액에서 중국과 일본이 각각 5.4%와 3.7% 성장한 것에 비해 한국은 11.4% 감소했다. 특히 기존 샌드위치 구도가 일본의 기술력과 중국의 저가 경쟁력에서 비롯됐다면 이제는 엔저 현상

감소하는 국내 기업 해외 직접투자   (단위: 만 달러)

연도	2012년	2013년	2014년	2015년 상반기
투자금액	284억 2,700	298억 4,400	267억 6,900	109억 9,300

으로 일본과도 단가 경쟁을 해야 하고, 기술 격차가 없다시피 한 중국 업체와도 겨뤄야 하는 형국이다. 실제로 국회 입법조사처 보고서에 따르면 한국과 중국의 산업 기술 격차는 2008년 2.7년에서 2014년 1.4년으로 좁아졌다.

한 부품업체 대표는 "엔저로 일본에 단가도 밀리고, 중국은 기술력이 좋아져 더욱 어려워진 샌드위치 신세다. 이제 국내 기업이 가진 것이라고는 그간의 신용에 기댄 납기 경쟁력밖에 없다"고 설명했다. 김세종 중소기업연구원장은 "제품군이 절반 이상 똑같은 중국과 일본 사이에서 같은 것을 생산해서는 경쟁력이 생기기 어렵다. 적극적인 연구개발 투자로 혁신적인 차별화에 나서야 한다"고 말했다.

돌파구가 될 수 있는 해외 투자는 되레 줄고 있다. 한국수출입은행에 따르면 2015년 상반기 해외 직접투자액은 109억 9,000만 달러(약 13조 2,000억 원)로 전년 동기 대비 19% 이상 감소했다. 2013년 298억 달러(약 35조 7,000억 원), 2014년 267억 달러(약 32조 원)에 이어 3년 연속 투자 감소가 유력하다. 신용 경제 성상

줄어드는 국내 기업의 아세안 수출

(단위: %)

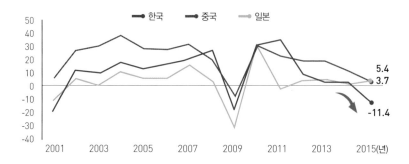

*블랙 기준 전년 동기 대비 수출증가율

자료: 무역협회

국인 아시아와 중남미 시장에서도 10% 이상 투자액이 감소하고 있다.

김기찬 가톨릭대 경영학부 교수는 "1990년대 저성장기에 해외 투자를 접고 내수에만 기댄 일본 기업들은 10년간 240만 곳 이상 이 폐업하는 운명을 맞았다. 소득에 안주하는 '2만 달러 병'에 걸려 해외 투자와 연구개발을 게을리할 경우 생존 위기에 몰릴 것"이라 꼬집었다.

내수는 인구 오너스 현상에 따라 하방 압력을 크게 받을 전망이다. 통계청은 한국의 생산가능인구가 2016년 3,703만 9,000명(73%)을 기록한 이후 감소할 것으로 추계하고 있다. 2030년 3,289만 명(63.1%), 2040년 2,887만 명(56.5%)으로 하락하고

2060년 생산가능인구는 2,187만여 명으로 전체 인구의 절반 이하(49.7%)로 떨어질 전망이다.

성장엔진은 식고,
투자는 얼어붙었다

2015년 1월 한국경제연구원에 따르면 '세계기업가정신발전기구'가 발표한 2014년 글로벌 기업가정신지수 순위에서 우리나라는 32위(118개국 중)를 기록했다. 전체 국가를 8개 등급으로 구분하면 한국은 불가리아, 루마니아, 일본 등과 함께 3등급에 속했다.

기업가정신 수준별 국가 분류

등급	점수	대표국가
1	70.2	미국, 호주, 핀란드, 영국, 프랑스
2	54.3	독일, 이스라엘, 라트비아, 콜롬비아, 포르투갈
3	45.2	한국, 루마니아, 스페인, 일본, 불가리아
4	39.3	이탈리아, 멕시코, 그리스, 남아공

*한국 기업가정신지수 순위는 32위

자료: 세계기업가정신발전기구(2014)

우리나라 국내총생산GDP이 세계 13위인 데 반해 3등급 내 그룹인 루마니아는 세계 52위, 불가리아는 77위에 불과하다. 경제 규모에 비해 우리나라의 기업가정신이 상대적으로 뒤처졌다고 볼 수 있는 것이다. 창업가의 나라 미국은 이번에도 1위를 기록했고 대만이 6위, 싱가포르가 10위를 기록하면서 아시아 국가 중 기업가정신을 선도하는 나라인 것으로 나타났다.

기업가정신이 발현되지 않으면서 미래를 살아 나갈 '성장엔진'이 서서히 식어 가고 있다는 우려도 나온다. 정부는 창조경제혁신센터 등을 마련해 대기업과 함께 신생기업을 지원하며 성장동력을 찾고 있지만 미래산업을 이끌 만한 기술들이 두드러지지 않고 있다.

이미 한국은 소프트웨어 운영체제 부문에서 구글이나 애플 생태계에 끌려다니고 있다. 새로운 산업을 창출할 것으로 여겨지는 자율주행차나 민간 로켓 발사체 사업 등도 미국 기업이 선제적으로 치고 나가는 중이다.

여기에 15년간 계획으로 소프트웨어 인재를 육성하고 있는 중국, 실리콘밸리로부터 유난히 러브콜을 많이 받고 있는 인도계 엔지니어들을 보면 인재 측면에서도 한국의 경쟁력이 점차 약해지고 있다는 게 〈매일경제〉 자문단의 공통된 걱정이었다.

전문가들은 수동적인 대기업들의 태도도 지적했다. 대기업 상당수가 투자에 인색한 데다 투자한다 해도 국가 지원금을 받아

연구개발비를 충당하거나, 들어간 연구개발비조차도 세금 감면 혜택을 누리고 싶어 한다는 것이다. 대기업 출신으로 스타트업 투자 심사 및 컨설팅을 맡고 있는 박성혁 PAG&파트너스 부대표는 "가능성이 보여 투자를 하다가도 2~3년 내 실적이 나오지 않거나 경기가 악화되면 투자를 회수하는 대기업이 그동안 허다했다"고 말했다.

그는 태양광산업의 몰락을 예로 들었다. 2000년대 중반부터 미래 먹거리라며 정부와 기업 투자가 이뤄졌으나 2010년 전후로 태양광 수요가 줄고 중국 업체가 부상하면서 국내 태양광에 투자한 업체들은 큰 손해를 본 것으로 알려졌다. 그나마 한화그룹이 중장기적으로 태양광을 조명해 조금씩 성과를 내는 정도이지만, 에너지산업이 대한민국의 신성장동력이라고 외치기엔 행보가 미진하다.

2015년 5월 전국경제인연합회 조사 결과에서도 "한국 경제의 최대 문제는 신성장동력이 없다는 것"이란 지적이 나왔다. 응답자(34명)의 65%는 현재 상황을 위기로 진단하면서 가장 큰 문제점으로 성장동력 부재를 꼽았다. 제조업 부진으로 경제를 지탱해 온 수출마저 흔들리고 있지만 이를 타개할 만한 마땅한 돌파구가 보이지 않는다. 박경배 상지대 교수는 "한국 경제는 중국 때문에 제조업 부활을 기대하기 어렵고, 미국처럼 진취적으로 새로운 먹거리를 찾기도 어려운 '진퇴양난'에 빠져 있다"고 말했다.

한국 경제를 이끌어 온 30대 그룹의 성장엔진도 급랭했다. 기업 경영성과 평가 사이트인 CEO스코어에 따르면 국내 30대 그룹의 부가가치 총액은 2014년 207조 원으로 전년보다 0.6%나 감소한 것으로 집계됐다. 같은 기간 GDP는 3.3%의 증가율을 기록했다. GDP의 15%를 차지하는 30대 그룹의 부가가치 총액이 역성장을 기록해 GDP 증가율을 오히려 주저앉히고 만 것이다. 재계 1위 삼성을 비롯해 포스코, GS, 현대중공업, 한진 등 주요 그룹의 부가가치 창출액이 줄줄이 마이너스를 기록했기 때문이다.

30대 그룹 중에서도 상위 10대 그룹의 부가가치 총액 감소율이 두드러졌다. 상위 10대 그룹의 부가가치 총액은 173조 1,570억 원으로 0.9% 감소했다. 금액으로는 1조 5,916억 원이나 줄어 30대 그룹 전체 감소액(1조 2,898억 원)보다 많은 것으로 나타났다. 이는 삼성, 포스코, GS, 현대중공업, 한진 등 5개 그룹의 부가가치가 큰 폭으로 줄었기 때문이다.

지난 과거를 살펴보면 1970년대는 중공업, 1980년대는 전자, 1990년대는 반도체와 휴대전화, 2000년대는 디스플레이가 국가의 근간이 되는 산업이었다. 하지만 2010년 이후 대한민국의 신성장동력에 대해서는 오리무중이다.

새로운 성장동력 창출에 실패한 이유는 여러 가지지만 이정동 서울대 교수는 연구개발의 성과를 현실로 상용화하지 못한 점이 가장 큰 원인이라고 진했다. 세계 최초, 최고의 기술을 빌넝애노 이를 연구실 바깥으로 이끌어 낼 실전 능력과 경험이 부족했기 때문이란 것이다.

세계의 주목을 받다 삽시간에 사라져 버린 한국의 와이브로 기술이나 지상파 디지털미디어방송DMB이 대표적이다. 정부는 한국전자통신연구원, 삼성전자 등과 공동 연구를 통해 LTE보다 3년여 앞선 와이브로 기술을 2006년 개발했다. 그러나 와이브로를 글로벌 시장에 보급하지 못했고 LTE가 등장하면서 이 기술의 존재 가치도 희미해졌다. DMB 역시 차세대 멀티미디어 기술로 주목받았지만 수익성 등의 문제로 찬밥 신세가 된 지 오래다.

이병기 한국경제연구원 선임연구위원은 "연구개발을 통한 원천기술 확보, 조기 산업화 생태계 조성을 병행해야 새로운 돌파구를 찾을 수 있을 것"이라고 말했다.

인재 육성하는
해외 장수기업들

"미래기업 경영자에게 필요한 덕목은 기술에 대한 이해, 기회 포착 능력, 신속한 의사결정, 모험을 감수하는 기업가정신이다."

이는 국내 대표 경영학자 50인이 미래기업 리더의 조건으로 뽑은 것이다. 기술의 발전과 함께 빅뱅 디스럽션이 나타나는 시대를 헤쳐 나가려면 기술에 대한 명확한 이해와 비전, 또 이를 실행에 옮기는 기업가정신을 갖추는 것이 기본이다. 적이 누구인지도 모르는 상태에서 전쟁을 치러야 하는 시대에서 살아남기 위해서는 방향과 전략을 세우고 실행할 리더의 역할이 가장 중요하다. 글로벌 기업들은 이미 이런 시대를 대비할 인재를 발굴하고 육성하기 위해 새로운 방식을 도입하고 있다.

구글은 학벌과 높은 IQ로 대표되는 스펙으로 무장한 '모범생 인재'를 거부하고 나섰다. 기존에는 구글 역시 유명 대학에서 인재를 우선 채용했다. 그러나 모범생 인재들이 실패로부터 학습하는 능력, 격론 후 건설적인 대안을 마련하는 것 등에서 부족하다는 점을 발견했다. 구글은 이를 개선하기 위해 '겸손'과 '학습능력' 등을 포함한 '종합적 인지' 능력을 평가 항목에 포함했다. 채용 대상 학교도 늘렸다.

애플은 2015년 여성 직원을 전년에 비해 65% 늘린 1만 1,000명 고용했다. 흑인 직원과 히스패닉계 직원의 고용도 각각 66%와 50% 늘렸다. 애플 측은 "다양한 인력 구성 풀을 통해 다양성을 확보해야 향후 새로운 시장 개척 및 신사업 개발에서 더 기민하게 반응할 수 있다"고 설명했다.

한국과 비슷한 가족경영의 형태를 유지하는 글로벌 기업들도 새로운 시대에 맞는 리더 양성에 초점을 맞추고 있다. 대표적인 조건이 가문이 소유한 회사 혹은 다른 회사에서의 실무 경험이다. 이를 통해 기업가정신과 실무 능력을 키우고 기업에 대한 이해를 높이라는 것이다.

밀레 가문(지분 51%)과 친칸 가문(49%)의 협력을 통해 경영이 이뤄지는 독일 가전기업 밀레에선 입사 전 다른 회사 경험이 필수다. 양쪽 가문 후보자들은 수십 명의 경쟁을 뚫고 최종 후보자가 되더라도 최소 4년간 다른 기업에서 실무를 경험해야 한다. 이후 업무 능력 시험과 최종 면접을 거쳐 후계자로 선정된다. 2016년 현재 회장인 라인하르트 친칸 회장도 지난 1991년 밀레에 입

해외 기업의 경영권 승계 요건

국가	기업	승계 세대 (설립연도)	승계 요건
독일	밀레	4대(1899)	밀레·친칸 가문서 수십 명 중 후보 선정, 다른 회사 4년 이상 경험 후 시험·면접
스웨덴	발렌베리	5대(1856)	친족 간 경쟁, 부모 도움 없이 명문대 졸업, 해군 장교, 해외에서의 사업 경험
독일	머크	13대(1668)	다른 기업 경험 후 후손 5명, 경영전문가 4명으로 이뤄진 가족위원의 과반 동의
일본	도요타	11대(1937)	전문경영인과 경합, 11명 중 오너가는 6명, 입사 후 CEO 되는 기간 평균 31년
독일	요한바르트운트존	8대(1794)	기술 분야 전공 또는 경영학 석사, 4개 국어 이상 구사, 5년 이상 다른 회사 경험

사하기 전 BMW에서 4년 동안 일했다.

스웨덴의 발렌베리는 독립적인 생활을 통한 기업가정신을 강조한다. 발렌베리그룹은 스웨덴 국내총생산GDP의 30%를 차지하고, 14개 계열사를 거느린 대형회사다. 1856년 안드레 오스카 발렌베리가 창업해 160년 동안 5대째 세습 경영을 하고 있다. 이런 발렌베리가 스웨덴에서 가장 존경받는 기업으로 꼽히는 것은 통큰 사회공헌과 함께 투명한 세습 원칙을 고수하기 때문이다.

발렌베리에서 후보자가 되기 위해선 부모의 도움 없이 명문 대학을 졸업하고, 해군 장교로 군 복무를 마쳐야 한다. 해외에서 사업 경험도 쌓아야 한다. 여기에만 최소 10~20년이 걸린다. 견제와 균형을 위해 2명의 후계자를 선발해 1명은 지주회사를 맡고, 1

명은 은행을 경영한다. 2016년 현재도 마르쿠스 발렌베리 회장과 야콥 발렌베리 회장의 투톱 체제다.

이 외에도 일본의 도요타는 1937년 창업 이후 11명의 CEO 중 오너가 인물이 6명, 전문경영인이 5명일 정도로 능력을 중시한다. 오너 일가가 입사한 후 CEO까지 되는 데 걸린 시간도 평균 31년으로 전문경영인(35.8년)과 큰 차이가 없다. 독일의 화학·제약기업 머크는 1668년 창업 이래 머크가 후손 5명, 외부 경영전문가 4명으로 이루어진 가족위원회의 승인을 받은 경영진을 뽑고 있다. 위원회의 승인을 받으려면 다른 기업에서의 경험은 필수다.

이에 비해 한국 재계 차세대 리더들의 경험은 천편일률적이다. 재계 10대 그룹 3·4세 중 학업을 마친 34명을 대상으로 분석한 결과 일반 기업에서 근무한 경력을 갖고 있는 사람은 47%에 머물렀다.

우리 기업이 가지고 있는 지배구조적 특성을 고려할 때 위기 요인으로 작용할 여지가 있는 부분이다. 임채운 통합경영학회장(서강대 교수)은 "오너 가문의 중요성을 고려하면 외국처럼 10년 이상 타 회사에서 경험과 실력을 쌓도록 하는 것을 자체적인 필수 기준으로 만들 필요가 있다"고 강조했다.

차세대 리더 중 절반도 안 되는 수가 다른 기업에서 일한 경험을 갖고 있다는 이 통계 수치는 두산그룹을 제외하면 40%까지

재계 3·4세 전공 현황

그룹	성명	전공
삼성	이재용·48	서울대 동양사학 학사 - 게이오기주쿠대 대학원 석사(MBA) - 하버드대 경영대학원 경영학 박사과정 수료
	이부진·46	연세대 아동학 학사
	이서현·43	파슨스디자인스쿨
현대자동차	정의선·46	고려대 경영학 학사 - 샌프란시스코대 대학원 경영학 석사 - 이토추상사 뉴욕지사
	정성이·54	이화여대 행정학 학사
	정태영·56 (배우자 정명이)	서울대 불문학 학사 - MIT 대학원 경영학 석사
SK	최윤정·27	시카고대 경제학 학사 - 베인&컴퍼니
	최민정·25	베이징대 광화관리(경영)학원 학사 - 판다코리아닷컴 창업 - 공군 복무 중
	최인근·21	브라운대 재학 중
LG	구광모·38	로체스터공과대 학사 - 스탠퍼드대 대학원 경영학 석사
	구형모·29	코넬대 경제학 학사 - BCG
롯데	신유열·30	아오야마가쿠인대 경영학 학사 - 노무라증권 - 컬럼비아대 경영대학원 MBA 재학 중
GS	허준홍·41	고려대 경영학 학사 - 콜로라도대 경제학 석사
	허세홍·47	연세대 경영학 학사 - 스탠퍼드대 경영대학원 경영학 석사 - 오사키전기, 뱅커스트러스트, IBM - 쉐브론
	허서홍·39	서울대 서양사학 학사 - 스탠퍼드대 대학원 경영학 석사 - 쉐브론 - 삼정KPMG - GS홈쇼핑
	허윤홍·37	세인트루이스대 국제경영학 학사 - 워싱턴대 대학원 경영학 석사
현대중공업	정기선·34	연세대 경제학 학사 - 크레디트스위스 - BCG - 스탠퍼드대 경영대학원 MBA
	정남이·33	연세대 철학과 - 서던캘리포니아대 음대 학사 - MIT 대학원 경영학 석사 - 베인&컴퍼니
	정예선·21	연세대 철학과 재학 중
한진	조원태·40	인하대 경영학 학사 - 서던캘리포니아대 경영대학원 경영학 석사
	조현아·42	코넬대 호텔경영학 학사 - 서던캘리포니아대 경영대학원 경영학 석사
	조현민·33	서던캘리포니아대 커뮤니케이션학 학사 - 서울대 경영대학원 글로벌경영학
한화	김동관·33	하버드대 정치학 학사
	김동원·31	예일대 동아시아학 학사 - 소규모 공연기획사 등 운영
	김동선·27	다트머스대 지리학 학사
두산	박정원·54	고려대 경영학 학사 - 보스턴대 대학원 경영학 석사 - 기린맥주
	박지원·51	연세대 경영학 학사 - 뉴욕대 경영대학원 경영학 석사 - 맥켄에릭슨
	박진원·48	연세대 경영학 학사 - 뉴욕대 경영대학원 경영학 석사 - 대한항공
	박석원·45	한양대 생물학 학사 - 뉴욕대 경영대학원 경영학 석사
	박태원·47	연세대 지질학 학사 - 뉴욕대 대학원 경영학 석사 - 효성물산
	박형원·46	한양대 사학 학사 - 조지워싱턴대 MBA
	박인원·43	서울대 동양사학 학사 - 하버드대 경영학 석사
	박서원·38	스쿨오브비주얼아트 그래픽디자인학 학사 - 빅앤트인터내셔널 - 오리콤
	박재원·31	뉴욕대 경영학 학사 - BCG

낮아진다. 두산그룹은 '남의 밥을 먹어 봐야 경영인으로서의 자질을 갖출 수 있다'는 고유의 경영철학에 따라 타 기업에 대한 경험을 후계자 조건으로 내세우고 있다. 그 대표적인 예가 기린맥주에서 일한 박정원 두산건설 회장, 맥켄에릭슨에서 일한 박지원 두산중공업 부회장 등이다.

전공 역시 다양성이 아쉬운 것이 현실이다. 대학원 석사 이상의 학위를 갖고 있는 사람 중 95%가 경영학MBA을 전공했다. 석사학위를 취득한 21명 중 콜로라도대에서 경제학 석사 학위를 받은 허준홍 GS칼텍스 전무까지 포함하면 이들의 석사 학위는 100%가 상경계열에서 나왔다.

노상규 서울대 교수는 "경영자는 경영, 기술자는 기술만 하던 이전의 사고방식대로는 성공하기 어렵다. 경영과 기술을 아우르는 소통형 리더가 필요한 시기"라고 지적했다. 최순권 부경대 교수는 "국내 대기업들이 후계자를 체계적으로 양성하는 시스템을 갖출 필요가 있다"고 강조했다.

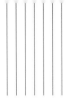

인재 공동화에 시달리는 한국

혁신에는 새로운 생각이나 다양한 문화적 배경을 가진 사람들이 꼭 필요하다. 그래야 창업도 활발해지고 경쟁력 있는 강소기업도 등장할 수 있다. 하지만 한국의 현실은 초라하다. 젊은이들은 취업난 때문에 창업을 생각해 본다. 회사를 차려도 글로벌 시장을 목표로 하기보다는 요식업 등 내수 시장용 사업 아이템 위주로 한다.

최근 한국무역협회가 한국, 중국, 일본 대학(원)생 534명을 상대로 설문조사를 진행해 발표한 보고서 '한·중·일 청년창업, 중국 열풍, 일본 미풍, 한국은…'에 따르면, 국내 대학(원)생들은 요식업 등 생계형 창업 의향이 가장 높은 반면 중국 청년들은 혁신형 창업과 관련된 정보기술IT 분야에 관심이 지대했다. 한국 청년들의 상업 의향 분야가 서부가사시행에 빈충되면서 우당한 사세내 기업이 나올 수 있는 가능성은 점점 희박해진다는 우려가 나오고 있다.

이 보고서에 따르면 국내 창업 선호 비율은 6.1%였다. 일본 응답자(3.8%)보다는 앞섰으나 중국 응답자(40.8%)에는 턱없이 못 미쳤다. 산업 전반에 걸쳐 경쟁 관계를 형성한 세 나라는 미래 성장동력 발굴을 위해 청년 창업에 열을 올리고 있다. 다만 이를 받아들이는 당사자들의 의식은 판이하게 달랐다.

청년들의 창업 관심 분야와 글로벌 창업 의향 등을 비교해 보면 3국 간 차이는 확연했다. 한국은 취업의 어려움 때문에 창업을 고려한다고 응답한 비율(한 30.2%, 중 10.7%, 일 9.1%)이 가장 높았다. 한국의 응답자들은 창업 희망 분야로 요식업(31.3%)을 언급했다. 하지만 중국 청년들은 샤오미와 알리바바처럼 IT 분야(20.1%)에서 창업하길 원했다.

해외 진출을 생각하는 비율에선 중국이 두 나라를 압도적으로 앞질렀다. 중국 응답자 비율이 84.6%로 한국 32.4%, 일본 16.7%에 비해 크게 높았다.

실제로 2015년 12월 통계청이 발표한 '기업생멸 행정통계 결과'에 따르면 2013년 기준으로 국내 기업의 1년 생존율은 60%에 그쳤다. 청년 창업자들이 희망한 요식업의 경우 5년간 사업을 지속하는 비율이 14.3%에 불과했다.

마이크로소프트 창립자인 빌 게이츠, 구글 설립자 래리 페이지, 페이스북을 만든 마크 저커버그…. 이들은 미국을 대표하는 혁신 기업으로 세계 시장을 재편한 인물들이다. 공통점은 바로 소프트웨어sw를 잘 아는 엔지니어였다는 것이다. 제조업과 달리 SW산업은 적은 투입량에도 부가가치가 어마어마하기에 세계 여러 나라에서 적극적으로 이 분야를 키우려 하고 있다. 중국은 컴퓨터공학을 전공하는 사람에 대한 정부 차원의 파격 대우와 혜택도 존재한다.

하지만 한국은 미래형 인재 숫자도 부족할 뿐 아니라, 인재 유출도 심각한 수준이었다. 고용노동부 자료(2015년 5월)에 따르면 SW 개발 전문가는 4.1%, 컴퓨터 시스템 설계 전문가는 2.6%의 인력이 부족했다. 여기에 정보통신산업연구원은 2017년까지 소프트웨어 인력 8만여 명이 부족할 것으로 내다봤다.

소프트웨어 분야 인적자원개발협의체sc는 2014년 대·중소 SW 기업 554개사를 대상으로 인력 수급 실태 조사를 실시한 결과 대다수 기업이 대졸자나 3년 차 정도 실력을 지닌 인력 확보가 어려웠다고 토로했다. 한 중소 IT업체 대표는 "고등학교나 전문대학을 졸업해 간단한 프로그래밍을 하는 사람은 많지만 적정 수준의 SW 실력을 보유한 20대 초중반 젊은이는 가뭄에 콩 나듯 한다"고 말했다.

SC 조사 결과에 따르면 고급 기술이 필요한 컴퓨터 시스템 설계 전문가의 경우 응답업체의 절반가량이 해당 인력을 구하지 못해 어려움을 겪었다고 답했다. 그나마 유수 대학교를 졸업한 컴퓨터공학과 인재들은 구글과 페이스북 인사 담당자가 직접 한국까지 찾아와 면접을 보고 영입한다. 인재의 '입도선매'가 이뤄지고 있는 현실이다.

배두환 카이스트 전산학부장은 "구글의 인턴 프로그램 담당자가 2015년엔 아예 카이스트 학생들을 대상으로 한 T/O를 내줬다"고 말했다. 사정이 이렇다 보니 그동안 산업계에서 꾸준히 제기돼온 '육성할 만한 인재가 부족하다'는 양적 우려에 더해 '쓸 만한 사람도 없다'는 질적 고민까지 이어질 수밖에 없는 현실이다.

한국은 1990년대부터 글로벌 인재 영입을 시도했다. 하지만 해외 진출한 대기업의 지사장 대부분이 여전히 한국에서 활동하다 파견된 한국인이란 점은 현지 시장 이해에 대한 약점으로 작용한다. 점차 외국인 채용이 늘어나고 중요도가 높은 직무에도 현지인을 활용하는 사례가 있지만 새로운 생각을 수혈하기엔 아직도 부족하다는 지적이 나온다. 굴지의 한국 제조업체 뉴욕법인에서 일한 경험이 있는 A씨는 "발 딛고 있는 곳만 미국이지 업무 프로세스나 상명하복식 오더, 위로 수렴되는 의사결정 과정은 한국과 똑같았다"고 회상했다.

이와 달리 중국 선전에 본사를 둔 통신장비업체 화웨이는 글로벌 역량 확보를 위해 170여 개국 연구개발센터의 인원 대부분을 현지인으로 채용한다. 중국 본사에서 근무하다 해외로 파견되는 경우는 극소수이고 아예 지사를 별도 회사처럼 둬 재량권을 주는 것이다. 화웨이 관계자는 "글로벌 역량이 기업 생존의 중요 과제로 대두된 지 오래다. 중국인만으로는 경쟁에 필요한 기술이나 경험을 확보하기 어려워 해외 채용 비율을 높이고 있다"고 설명했다.

글로벌 컨설팅사 타워스왓슨과 옥스퍼드 이코노믹스가 공동 발표한 보고서에 따르면 5년 내 전 세계 국가가 10% 안팎의 인력난에 시달리게 된다. 산업 지형이 제조나 중공업에서 고부가가치를 창출하는 소프트웨어 쪽으로 흘러가기 때문이다. 고급 인재를 둔 국가 간 경쟁이 그만큼 치열해질 것으로 전망된다.

2021년 인재공급 부족 예상수준

국가	수요 대비 부족분(%)
한국	9.3
미국	8.2
독일	6.2
싱가포르	6.1

자료: 타워스왓슨, 옥스퍼드 이코노믹스 공동발표(2014)

이 보고서에 따르면 2021년 한국은 필요한 인력에 비해 공급이 9.3% 부족할 것으로 나타났다. 이미 세계에서 인재를 빨아들이고 있는 블랙홀인 미국은 8.2%, 새로운 혁신기지로 떠오르고 있는 베를린을 품은 독일은 6.2%의 인재가 모자랄 것으로 예측됐다.

국내 고급인재 유출 순위 추이

연도	순위	IMD 두뇌유출지수
1995년	4	7.53
1996년	9	7.45
1997년	12	6.94
1998년	14	6.21
1999년	38	4.28
2000년	30	5.43
2001년	39	4.11
2002년	39	4.70
2003년	43	4.57
2004년	38	4.50

연도	순위	IMD 두뇌유출지수
2005년	21	5.91
2006년	36	4.91
2007년	19	5.89
2008년	28	5.11
2009년	48	3.44
2010년	42	3.69
2011년	44	3.68
2012년	49	3.40
2013년	37	4.63
2014년	46	3.74

*IMD 두뇌유출 지수란? 스위스 국제경영개발원(IMD)에서 60개국을 대상으로 매년 발표하는 지수로 고도의 교육을 받은 고급인력이 국외로 유출되는 현상을 0~10 사이의 값으로 나타낸다. 0에 가까울수록 해외에서 일하는 인재가 많아 국가경제 피해가 심각하다는 것이고, 10에 가까울수록 인재가 고국에서 일하면서 국가경제에 도움을 주고 있다는 것을 의미한다.

자료: IMD WORLD COMPETITIVENESS ONLINE 두뇌유출 지수

리처드 돕스 MGI 소장

"
한국의 위기, 중국과의
무자비한 경쟁에서 온다
"

"한국 기업의 가장 큰 위기는 중국 기업과의 경쟁이다. 중국 기업들은 무자비한 경쟁A Ferocity of Competition을 불러올 것이다."

리처드 돕스 맥킨지글로벌연구소MGI 소장이 한국 기업의 미래에 대해 내놓은 조언이다. 2013년 한국 경제를 '냄비 속의 개구리'에 비유해 유명해진 인물이기도 한 그는 "한국 기업은 여전히 냄비 속을 벗어나지 못한 상태이며 물의 온도는 과거 어느 때보다 더 빠르게 뜨거워지고 있다"고 경고했다. 돕스 소장은 2007년부터 7년간 한국 사무소에서 일하며 한국에 관한 보고서를 내놓기도 했다. 그만큼 맥킨지 내에서도 한국에 대해서 잘 아는 인물로 분류된다. 현재는 컨설팅기업 맥킨지의 브레인 역할을 하는 맥킨지글로벌연구소 소장으로 일하고 있다.

그는 미래를 이해하는 첫 출발점으로 인구구조 변화를 꼽았다. 인구 고령화가 진행되고 인구 성장률 자체가 떨어질 것이란 얘기다. 고령 인구는 느는데 일할 사람은 부족해지는 것이다. 또한 미래엔 기업들이 당장 고세율, 고금리와 싸워야 한다고 진단했다. 그러나 한국 기업의 현 수준은 매우 염려스럽다는 것이 그의 지적이다. 특히 한국 기업들이 해결해야 할 가장 시급한 문제는 수익성을 높이는 것이라고 강조했다.

돕스 소장은 MGI의 분석 결과 한국과 일본 기업의 투하자본수익률ROIC이 글로벌 평균에 비해서 한참 낮다고 소개했다. 2013년 기준으로 북미 기업들이 15.6%, 서유럽 기업들이 15.2%인 것에 비해 한국과 일본 기업들은 5.9%에 불과하다는 것이다. 이는 중국(8.6%)이나 인도 및 아세안(11%)에 비해서도 낮은 수치다.

그는 "지난 30년은 금리가 꾸준히 낮아지는 상황이었고 외부 환경도 우호적이었다. 앞으로는 외부 환경이 우호적이지 않은 상황에서 수익성을 높이려는 노력 없이는 생존이 힘들 것"이라고 설명했다. 특히 한국 기업 입장에서는 중국 기업과의 싸움을 견뎌 내는 것이 가장 큰 과제이다. 일본 기업들이 경험했던 것을 한국 기업들이 겪게 될 것이며 이는 매우 잔인한 과정이 되리라는 전망이다.

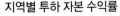

지역별 투하 자본 수익률

(단위: %)

15.6	15.2	11.4	11	8.6	5.9
북미	서유럽	라틴아메리카	인도·아세안	중국	대한민국·일본

또한 기술기업들의 새로운 분야 진출을 통한 파괴가 광범위하게 확산될 것이므로 이를 주의 깊게 지켜봐야 한다고 경고했다. 그는 "구글이 자동차산업에 진출하고 삼성이 바이오산업에 나서는 상황에서 개별 기업들은 본업에서 자신의 위치를 어떻게 수정할지 걱정해야 한다"고 말했다.

그러나 빠르게 변화에 적응한다면 새로운 기회가 열리는 시대가 될 수 있다는 전망도 내놨다. 돕스 소장은 "1990년 10억 명에 불과하던 소비자가 2030년까지 40억 명으로 늘어나는 사상 최대의 시장이 형성되고 있다. 소규모 기업들도 아마존이나 알리바바와 같은 플랫폼을 활용할 경우 '규모'에서 오는 단점을 넘어설 수 있다"고 강조했다.

CHAPTER 03

글로벌 샤크테일
혁신 현장

미국 코넬대,
대학은 스타트업의 기지다

미국 뉴욕 맨해튼 동쪽 이스트 강East River 한가운데 남북으로 길게 뻗어 있는 루스벨트 섬에서는 2017년 문을 열 코넬테크(코넬공대)의 신규 캠퍼스 공사가 한창이다. 2015년 12월 말 이곳을 찾자 봄을 연상케 하는 따뜻한 날씨 속에서 공사 현장의 인부들이 가벼운 옷차림으로 작업에 열중하고 있었다.

마이클 블룸버그 전 뉴욕 시장은 2011년 시장 재직 당시 이곳을 뉴욕 테크산업의 심장 역할을 할 터전으로 키우기 위해 시유지를 무상으로 제공하는 야심 찬 청사진을 제시했다. 본인도 개인 재산 1억 달러(약 1,000억 원)를 쾌척했다. 이 캠퍼스에는 첨단 기술기업과 이공계 인재의 유기적 결합을 통해 실리콘밸리를 능가할 산학 클러스터를 만들겠다는 블룸버그 전 시장의 포부가 담겨 있다.

2017년 문을 열 코넬테크 신규 캠퍼스 공사 현장.

　무엇보다 코넬테크의 가장 큰 특징은 기업 인력 수급 방식의 밸류체인을 개선해 혁신 인재를 기업에 공급한다는 데 있다. 기존 인재 수급의 밸류체인은 기업이 대학 교육을 온전히 받은 졸업생을 채용한 후 다시 재교육하여 필요한 스킬을 습득하게 하는 것이었다. 그러나 이 같은 인재 교육의 밸류체인은 더 이상 미래 혁신 인재를 기르기 어렵다는 판단하에 대학과 기업이 함께 대학생들에게 미래 현장 스킬을 가르치는 방식으로 전환한 게 코넬테크이다.

　코넬테크는 2017년 루스벨트 섬 새 캠퍼스로 이전하기 전까지 맨해튼 젤시 지역에 위치한 구글 빌딩에 둥지를 틀었다. 현재 150

미국 뉴욕 맨해튼 이스트 강 루스벨트 섬에서 코넬테크 신축공사가 진행되고 있다.

명의 학생들이 코넬테크의 석·박사 과정을 밟고 있다. 이 빌딩 4
개 층을 빌려 쓰고 있는 코넬테크는 철저하게 개방형 프로젝트를
지향한다. 학교 교실이라고 볼 수 없는 토론형 세미나실과 자유
분방한 연구 공간이 이목을 끈다. 공간 곳곳에는 외부 기업들과
의 각종 프로젝트 진행 사항을 보여 주는 차트가 널려 있었다.

메간 프렌치 코넬테크 대외협력처장은 "철저한 프로젝트 기반
의 학습 체계를 갖추고 있으며 외부 기업과의 협업과 정보 공유
를 촉진하기 위해 개방형 스튜디오 문화를 갖추는 데 주력하고
있다"고 설명했다.

실제로 아메리카온라인AOL, 블룸버그, 카나리, 웹WD, 세고비

아 등 수많은 대기업과 스타트업 기업들이 코넬테크와 협업 프로젝트를 진행하고 있다. 학생들은 기업의 실제 사업에 접목될 기술 아이디어와 사업 아이템을 구체화하기 위해 구슬땀을 흘린다. 코넬테크의 4개 과정 중 2개는 아예 헬스테크산업과 미디어산업에 직접 접목되는 실용 커리큘럼으로 구성돼 있다. 말이 대학 캠퍼스지 기업 산하 연구소와 같은 기능을 수행한다고 봐도 무방한 수준이다. 기업의 연구개발R&D 기능을 대신 수행해 주는 신모델로 자리 잡고 있는 셈이다.

공학 석사과정에 2015년 입학한 안톤 쿠엘츠 씨는 "코넬테크는 기존 캠퍼스와는 전혀 다른 콘셉트라 마음이 끌렸다. 아이디어를 어떻게 구체화하고 성공 가능한 제품으로 만들 수 있는지를 배운다는 게 장점"이라고 말했다.

특히 여러 기업들과의 프로젝트 경험을 쌓은 공대생들은 대학 졸업 후 스타트업을 창업할 수 있는 좋은 기반을 갖추게 된다. 코넬테크는 아예 '스타트업 포스닥Start-up Postdocs'이라는 박사 후 과정을 운영하면서 졸업생들의 창업을 돕기 위한 징검다리 역할을 마다하지 않는다. 이를 통해 탄생한 스타트업들은 구글, IBM, 아마존, 마이크로소프트 등 기라성 같은 정보기술IT기업들의 직간접적인 지원도 받을 수 있다.

코넬테크와 뉴욕시가 이 캠퍼스를 '뉴욕 스타트업의 트레이닝 기지'라고 자부하는 이유다. 뉴욕시는 최신 기술과 경험으로 누장한 인재들을 활용하기 위해 많은 IT기업들이 뉴욕을 찾을 것으로 기대하고 있다. 프렌치 처장은 "2017년 루스벨트 섬 캠퍼스로 이전하면 기업과의 에코 시스템은 한층 공고해질 것이다. 새로운 제품의 상업화와 기술 혁신을 주도해 뉴욕의 경제 성장을 견인하는 본거지로 자리매김하겠다"고 다짐했다.

코넬대는 융합형 인재 양성에도 앞장서고 있다. 여러 학문을 통합해 가르침으로써 융합형 인재를 기르는 것이다. 수미트라 두타 코넬대 MBA 학장은 "우리는 컴퓨터Computer Science, 공학Engineering, 경영학Business 등 세 가지 학문을 완전히 하나로 융합한 최초의 MBA 대학원을 운영하고 있다. 디지털화가 기업 전반에 변화를 가져오는 현시점에서 우리는 함께 일해야 한다"고 말했다.

그는 기자들도 미래엔 컴퓨터 전문가들과 함께 일해야 할 것이므로 이런 협업의 문화를 구축해야 하며, 학문의 융합뿐만 아니라 교수와 학생이 함께 일하는 환경도 조성해야 한다고 강조했다. 그리고 언젠가 코넬 MBA 학생들이 기업에 입사하면 세 가지 학문을 넘나들며 협업할 수 있을 것이라고 기대했다. 두타 학장은 "지금까지 거둔 가장 큰 성과는 1년 과정의 디지털 경제에 초점을 맞춘 MBA 프로그램을 구축한 것이며, 이곳 학생들은 디지털 경제 시대에 충분히 대응할 수 있는 융합 역량을 기를 수 있을 것"이라고 전망했다.

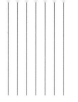

중국 중관춘,
하루에 하나씩 벤처 설립

"창업을 결심한 뒤 매일 이곳에 나와 사람들을 만나고 있어요. 게임 형태의 커플 매칭 애플리케이션을 구상 중인데 이곳에선 뜻이 맞는 동업자를 찾기 쉽거든요."

2015년 12월 말 베이징 중관춘 3W카페에서 만난 장웨이린 씨 (22)는 미래의 마크 저커버그를 꿈꾸는 대학생이다. 2016년 런민대 졸업을 앞두고 진로를 고민하다가 창업에 도전해 보기로 마음먹었다. 그가 중관춘을 찾은 이유는 이곳에서 창업과 관련된 세미나가 매주 열리고, 엔젤펀드를 비롯한 전문가들의 도움을 쉽게 얻을 수 있기 때문이다.

3W카페는 중국판 실리콘밸리로 불리는 중관춘 창업거리創業大街에서도 가장 유명한 곳이다. 2015년 5월 리커창 중국 총리가 중관춘을 방문해 창업 준비생들을 격려할 때 들렀던 곳도 바로 3W

중국 베이징 창업거리인 중관춘 일대 전경.

카페다.

여기서 몇 m 떨어진 곳에 위치한 처쿠카페는 창업거리의 원조라 할 수 있다. 지난 2011년 처구가 처음 예비창업자들을 불러 모으기 시작한 뒤 2013년부터 다른 창업공간이 속속 간판을 내걸면서 창업거리가 중국 내 '창업 1번지'로 부상하게 됐다.

기자가 찾은 이날도 베이징은 물론 전국 각지에서 몰려든 100여 명의 예비창업자들이 한파를 무색케 할 정도로 뜨거운 열기를 내뿜으며 창업 준비에 골몰하고 있었다. 류치훙 씨(29)는 처쿠카페에서 지난 2년간 출퇴근하다시피 하며 스마트폰 앱을 개발해

중관춘에 위치한 한 카페에 젊은 창업 준비자들이 몰려 있다.

창업을 앞두고 있다. 사용자의 호흡과 운동량 등을 감지해 알맞은 운동 방법을 추천해 주는 애플리케이션이다. 류 씨는 "처쿠카페에선 사무실 비용을 지불하지 않아도 되고 창업자금이나 법률 절차에 관한 조언을 구할 수 있어 큰 도움을 받았다"고 밝혔다.

창업에 대한 의지만 있다면 누구든 이곳에서 테이블을 차지하고 아이디어와 정보를 교류할 수 있다. 법률사무소와 엔젤펀드 전문가들이 상주하기 때문에 언제든 무료로 조언을 받을 수 있다.

200m 길이 창업거리에는 3W, 처쿠와 같은 창업공간이 10여 곳에 달한다. 원래 이름은 '하이딩투슈청'이었는데 중국 정부가 창업 시범지구로 정하면서 2015년 6월 창업거리로 이름까지 바뀌었다. 이 거리에서 생겨난 스타트업은 2015년 한 해 400여 개이며, 이들이 유치한 투자금은 10억 위안(약 1,800억 원)에 달한다.

창업거리가 상징하는 중국 내 창업 열풍은 시진핑 정부가 기획한 중국판 벤처붐이라 할 수 있다. 지난 2013년 출범한 시진핑 정부는 경제에 활력을 불어넣는 정책으로 스타트업 육성을 택했다. 글로벌 경기 침체와 맞물려 예전처럼 7~8%대 고성장을 유지하기가 어려워지자 혁신과 창업에서 돌파구를 찾은 것이다.

과거 한국의 벤처붐과 다른 점은 기업공개IPO를 목적으로 한 한탕주의가 아닌 사회 전반의 혁신문화와 창업환경을 조성하는 데 초점을 맞춘다는 것이다. 전국 창업기지들을 방문하며 창업전도사 역할을 자처한 리커창 총리가 가장 자주 하는 말도 '만중창신 대중창업萬衆創新 大衆創業'이다. 모두가 혁신하고 창업하는 사회 분위기를 만들자는 의미다.

2015년 중국 중앙정부가 창업 열기를 북돋우기 위해 내놓은 정책은 자금 지원과 규제 완화, 세제 감면 등 40가지에 달한다. 특히 2015년 8월 출범한 '신흥산업창업투자기금'은 무려 400억 위안(약 7조 원) 규모를 자랑한다. 각급 지방정부도 성장 불씨를 살려 내기 위해 경쟁적으로 창업 지원 정책을 쏟아 내고 있다. 창업자금 지원과 창업준비생 기숙사 운영 등 2015년 한 해 동안 중국 지방정부가 창업을 독려하기 위해 내놓은 정책은 2,000여 가지에 달한다.

주목할 부분은 민간자본이 스타트업을 키워 내는 화수분 역할을 하고 있다는 사실이다. 창업투자 조사기관 칭커그룹에 따르면 2015년 상반기 중국 엔젤펀드업계가 모집한 자금은 전년 동기보다 200% 가까이 증가했다. 상위 40개 엔젤펀드가 스타트업에 투자할 수 있는 보유자금은 420억 위안(약 7조 4,000억 원)에 달한다.

정부의 전폭적인 정책 지원과 넘쳐나는 투자자금은 대학생들의 가치관도 바꿔 놓았다. 몇 년 전까지만 해도 공무원 시험에 합격하거나 대형 국유기업에 취업한 선배들이 선망의 대상이었다면 요즘엔 창업에 성공한 선배들이 최고 롤모델이다. 이런 변화는 중국 최고 명문 칭화대에서도 쉽게 감지할 수 있다. 칭화대는 2년 전 학내 창업공간 '엑스랩'을 설립해 재학생들의 도전을 뒷받침하고 있다. 창업에 대한 아이디어와 의지를 개발하는 단계부터 상업화하고, 법인을 설립하고 투자자를 유치하는 단계별로 맞춤형 과정을 제공한다.

지난 2년간 엑스랩에서 창업을 준비한 칭화대생은 700여 개 팀에 달한다. 이 가운데 200여 팀이 창업에 성공했고, 80여 팀은 엔젤펀드로부터 투자자금을 유치했다. 최근에는 엑스랩에서 1년여 동안 창업 준비 과정을 거친 팀이 1,000만 위안(약 18억 원)의 종잣돈을 확보해 부러움을 샀다. 이 팀은 베이징, 광저우 등 대도시 소재 대학의 강좌와 사교, 취업 등에 관한 정보를 수요자에게 맞춤형으로 제공하는 애플리케이션을 개발해 투자자로부터 아무런 담보 없이 자금을 유치하는 데 성공했다.

일본 도쿄대,
학생벤처 기업가치 10조 원 넘다

2015년 12월 말 도쿄 메구로구 코마바캠퍼스 옆에 자리 잡은 도쿄대 생산기술연구소를 찾았다. 건물 몇 개를 이어 붙인 듯한 거대한 연구동에는 160여 개의 랩(연구실)이 촘촘히 들어서 있었다. 일본 최대이자 최고임을 자랑하는 이곳은 기계·전자 등 전통 산업기술은 물론 나노바이오센서에 이르기까지 첨단 기술의 산실이다.

"실용기술과 언제든 융합연구를 자유롭게 할 수 있는 것이 가장 큰 특징"이라고 한 연구실 교수가 귀띔했다. 기업과의 협업은 물론이고 랩에서 직접 개발한 기술을 토대로 벤처기업을 설립하거나 기업의 최고기술책임자CTO를 겸직하고 있는 교수도 있다. 새로운 발명과 연구를 지원, 독려하기 위해 대학 본부와 연구소 내에는 특허 출원 등을 지원하는 조직도 별도로 설치돼 있다. 이 모든 것이 도쿄대 법인화 이후 10여 년 동안 달라진 변화다.

연구소의 변화가 상징하듯 엘리트 양성의 산실로만 인식돼 왔던 도쿄대는 이제 신기술과 이를 토대로 한 벤처 창업을 통해 오랜 디플레이션으로 침체에 빠져 있는 일본 사회에 신선한 바람을 불러일으키는 첨병 역할을 하고 있다.

도쿄대 교수와 학생이 창업한 벤처기업 수는 2015년에 200개를 훌쩍 넘었고, 기업가치도 1조 엔(약 10조 원)을 뛰어넘는 것으로 분석되고 있다. 벤처기업 수는 5년 전에 비해 2배가 늘어난 숫자다. 상장기업도 16개나 된다. 구글, 바이두 등 글로벌 기업들도 도쿄대를 찾아 인수기업을 물색하고 있을 정도다. 구글은 교수들이 창업한 로봇공학 관련 벤처 샤프트를 인수했고, 바이두도 온라인 광고 벤처 포핀을 사들였다.

그중에서도 가장 눈에 띄는 건 생명공학·바이오 분야다. 상장 대박을 터뜨린 바이오 벤처 펩티드림과 유전자 분석 벤처 진게스트 등은 일거수일투족이 언론의 관심사다. 19세기 산업혁명의 중심에 증기기관이 있었고, 20세기에 트랜지스터가 있었다면, 21세기는 바이오가 될 것이라는 혁신 맵의 중심에 도쿄대 벤처가 자리 잡고 있는 셈이다.

도쿄대의 변신은 '혁신의 함정'에서 서서히 빠져나오고 있는 일본 전체 분위기를 대변한다. '한 우물·칸막이식 혁신'에 함몰돼 삼성전자로 내표되는 한국식 스피드 혁신과 애플로 내표되는 미국

식 융합·창조 혁신에 밀렸던 일본 기업들이 스피드와 융합·창의력으로 재무장해 나설 태세다. 의사결정이 느리고 변화에 둔감한 것으로 유명한 일본이 새로운 방식으로 미래기업을 준비하고 있는 모양새다. 빠른 속도를 생명으로 하는 샤크테일 경영 전략을 적극 수용해 실천하는 것이다.

속도전으로 변신한 일본의 면모가 가장 잘 드러나는 부문은 바로 전자산업이다. 사업 재조정과 혁신을 빠르게 단행해 전성기 실적을 회복한 소니, 히타치, 파나소닉 등은 아시아·유럽·북미 시장에서 전방위적인 공격경영에 돌입했다. 도시바와 샤프의 구조조정이 마무리되면 TV에서 반도체까지 10여 개가 난립해 "내가 최고"라며 혁신 경쟁에 치중하다 글로벌 경쟁력을 잃었던 일본 전자업체의 병폐는 사라지게 된다.

소니, 히타치, 파나소닉 등 한때 세계 시장을 주름잡던 일본 전자업체 대표 주자들의 변신을 보면 공통점이 있다. 첫째는 더 이상 희망이 없다고 판단한 전지사업을 과감히 도려냈디는 점, 둘째는 소비자를 직접 상대하는 B2C사업보다 기업 간 비즈니스인 B2B시장을 집중적으로 공략해 보다 안정적인 수익 구조를 만들었다는 점, 셋째는 이 모든 구조조정에서 경영진의 리더십이 돋보이고 있다는 점이다.

예컨대 히타치는 2000년대 중반까지만 해도 전기·전자 분야가 핵심 비즈니스였다. 하지만 글로벌 금융위기 직후 일본 제조업체

사상 최대 규모 적자를 냈다. 이에 히타치는 디스플레이·TV·PC 사업 등을 줄줄이 정리하고 전력·정보통신·철도에 집중하는 사회 인프라스트럭처기업으로 변신하며 '부활'에 성공했다.

아이러니하게도 과거 일본 전자 기술력의 상징으로 불렸던 샤프나 산요는 변신을 꾀했던 이들 기업과는 달리 전자산업을 고집하다 쇠락의 길을 걸었다. 기술 제일주의가 기술 과신주의의 함정에 빠진 것이다. 그런 점에서 소니, 히타치, 파나소닉 등 일본 대표 전자기업의 변신은 무죄라고 할 수 있다.

도요타를 중심으로 한 자동차업계의 전기차, 수소차(연료전지차), 무인차 기술 개발과 상용화 과정에서는 과거 일본에서는 찾아보기 힘들 정도로 빠른 속도전이 펼쳐지고 있다. 도요타의 세계 첫 상용 수소차 '미라이_{未來, 일본말로 '미래'라는 뜻}'는 불과 1년 만에 당초 판매 목표의 8배가 넘는 3,300대를 수주하기도 했다. 물론 그 배후에는 융합형 신산업을 가로막는 칸막이 규제를 신속하게 폐지해 걸림돌을 제거하고, 각종 지원책을 쏟아 내는 일본 정부가 있기에 가능했다.

구글, 테슬라는
스타워즈에 도전한다

2015년 11월 23일 미국 민간 우주개발업체 '블루오리진'이 발사한 무인로켓이 100㎞ 상공 지구 궤도에 올라가 미션을 수행한 후 영화의 한 장면처럼 지구로 상처 하나 없이 되돌아왔다. 2000년 블루오리진을 설립했던 제프 베조스(전자상거래업체 아마존 창업자)는 로켓 앞에서 직원들과 샴페인을 터뜨렸다.

인류 역사상 처음으로 로켓의 추진체까지 수거해 재활용할 수 있는 길이 열렸다. 블루오리진의 성공으로 로켓이 자동차처럼 우주와 지구를 여러 번 오갈 수 있게 됐다.

한 달 후엔 또 다른 우주개발기업 '스페이스X'가 발사한 로켓이 인공위성을 목적 궤도에 올려놓고 10분 만에 발사 지점으로 돌아왔다. 스페이스X는 전기자동차로 유명한 테슬라의 창업자 일론 머스크가 2002년 설립했다. 국제우주정거장에 화물을 실어 나르는 최초의 민간업체이기도 하다. 머스크는 1,200㎞ 상공에 태양광을 이용한 위성을 수백 개 띄워 전 세계에 인터넷 서비스를 제공할 생각이다. 먼 미래에는 화성에 유인기지를 세우고, 이곳에서 인터넷을 쓰도록 한다는 야심 찬 계획도 세웠다.

연이은 우주사업 성공에 전 세계 언론은 우주여행의 시대가 도래했다고 흥분했다. 베조스와 머스크 두 사람이 주도해 우주사업에 투입한 돈만 누적 20억 달러(약 2조 3,300억 원)에 육박한다. 미국 대표 혁신기업들은 지구 너머 우주에서 미래를 설계한다. 〈스타워즈Star Wars〉가 영화 속 환상이 아닌 현실로 전환되고 있는 것이다. 여기에 미국 실리콘밸리 기업들도 동참해 불가능을 현실로 만들어 가고 있다. 이러한 움직임은 단순히 과학적 호기심을 충족하는 데 그치지 않는다. 새로운 '빅뱅 디스럽션'을 통해 향후 성장동력이 되는 분야를 선점하겠다는 의도다.

이처럼 우주산업은 군사·안보 영역에서 벗어나 민간기업의 신성장동력으로 부상하는 중이다. 세계 우주산업 시장 규모도 기업들의 주도로 빠르게 성장하고 있다.

현대경제연구원에 따르면 세계 우주산업 시장은 2005년 888억 달러(약 106조 5,000억 원)에서 연평균 10.3%씩 성장해 지난 2013년 1,952억 달러(약 234조 원)가 됐다. 하지만 국내 시장은 세계 시장의 1%(2013년 매출 기준 2조 원)에 불과하다. 시장 구조도 위성활용 서비스에 편중됐고 우주기기 제작 분야 성장은 시

주요국 우주산업 경쟁력

구분	미국	한국	중국	러시아	일본	프랑스	독일
정부예산 (억 달러)	393.3	3.2	61.1	52.7	36	27.1	16.9
기업 R&D (억 달러)	260.5	1.8	공개안됨	13.7	4.7	37.3	30.3
논문 점유율(%)	28.2	2.5	22.7	3.2	5.7	7.4	8.2
수출 점유율(%)	30.7	0.6	1	2	1.8	17.7	13.4
운용 중인 위성 (개)	528	8	132	131	56	18	25

자료: 현대경제연구원(2015)

체됐다. 항공우주 분야 기술 수준은 최고 기술국이라고 불리는 미국의 70%도 안 된다.

운용 중인 세계 위성 가운데 8개 위성만을 소유하고 있고 핵심 기술은 선진국에 의존해야 한다. 1992년 우리별 1호를 발사한 이후, 지속적으로 위성체를 개발하고 발사해 왔지만 로켓 엔진 등과 관련된 핵심 기술이 없기 때문에 독자적인 위성 발사는 불가능하다.

구글의 꿈은 우주보다도 드넓다. 2015년 지주사 '알파벳'을 세우고 구글 등을 비롯한 사업회사 8개를 자회사로 만들었다. 2016년엔 자율주행차 담당 자회사가 신설될 예정이다. 이들 자회사가 하는 사업들은 구글의 검색사업을 제외하고는 모두 미래 신성장 동력 개발을 정조준하고 있다.

사물인터넷IoT 관련 기술을 개발하는 '네스트랩스'를 비롯해 무병장수 프로젝트를 추진하는 '칼리코', 도시문제 해결 방안을 모색하는 '사이드워크랩스', 혈당측정 콘택트렌즈 등 생명과학을 담당하는 '베릴리' 등이다. 구글은 신재생에너지를 활용해 클라우드 서비스를 강화하기 위해 남아프리카에 태양열 패널농장을 확보하기도 했다.

페이스북은 '아퀼라'라는 이름의 드론을 구름보다 높은 곳에 띄워 오지에 인터넷 환경을 제공하겠다고 발표했다. 태양광 발전으로 전력을 얻은 아퀼라를 띄워 서로 레이저로 통신하도록 하고, 지상에 무선으로 인터넷 신호를 쏴 주겠다고 한다.

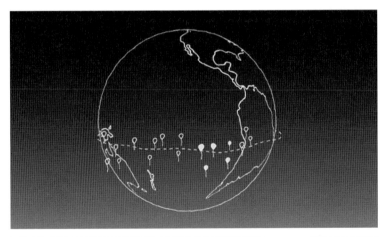

구글이 인터넷망으로 세상을 연결하겠다고 선포한 '룬 프로젝트'의 개념도   사진· 구글 홈페이지

구글이 개발해 상용화를 준비 중인 자율주행차의 모습.   사진: 구글 홈페이지

　서구 인터넷기업만의 얘기는 아니다. 중국 등 신흥국 역시 미래 새로운 성장동력이 될 산업 선점을 위해 국가 차원의 에너지를 투하하고 있다. 우주산업은 1년 예산만 61억 달러(약 7조 3,000억 원)로 한국의 20배가 넘는다. 중국 기관의 위성 개수는 132개로 17배에 육박하며 한국보다 더 앞섰다. 또 소프트웨어 분야에서도 2000년부터 집중적인 투자를 진행해 샤오미 등의 기업이 탄생할 발판을 만들었다. 《축적의 시간》 저자인 이정동 서울대 산업공학과 교수는 기술 개발 역사가 짧은 중국도 과감한 투자를 통해 부족한 경험을 채워 나가는 중이라고 설명했다. 중국

기업의 혁신을 한국이 부러워할 날이 현실이 됐다는 게 그의 설명이다.

돈 탭스콧 탭스콧그룹 CEO   INTERVIEW

"
미래는
디지털 복합기업의 시대
"

"미래 50년을 바라봤을 때 성공할 기업은 바로 '디지털 복합기업Digital Conglomerates'이다."

20년 전인 1995년, 저서 《디지털 이코노미》를 통해 인터넷 기술이 산업과 경제활동을 주도할 것이라고 일찍이 예측했던 돈 탭스콧 탭스콧그룹 CEO는 50년 후에 성공할 기업으로 '디지털 복합기업'을 꼽았다.

그는 디지털 복합기업의 예로 구글, 아마존, GE를 꼽았다. 구글의 경우 자체 지도 애플리케이션을 이용하여 자율주행 자동차의 개발을 돕고 있고, 아마존은 물류센터를 활용해 로봇 혁신을 꾀하고 있다. GE는 의료기기 개발을 통해 보험 정책을 바꾸고 있다.

돈 탭스콧 CEO는 "구글, 아마존, GE처럼 다양하고 차별화된 지식을 거대한 상업적 규모로 융합할 필요가 있다. 다양한 분야를 아우르는 '교차 영역Cross-domain'에서의 역량과 새로운 시장에 진입할 수 있는 정보를 가진 디지털 복합기업이 미래에 성공할 수 있다"고 전망했다.

그가 말하는 '다양한 분야를 아우르는 교차 영역에서의 역량'이란 다음과 같다. 구글은 광고, 소셜미디어, 자동차 내비게이션, 로봇 등 모든 분야를 아우르고 있다. GE는 가전, 의료, 항공우주, 사회봉사 사업 등 다양한 분야에서 활동을 한다. 아마존의 경우에는 유통, 컴퓨터 서비스, 로봇공학, 물류를 아우른다. 거의 모든 산업과 경제에서 대변혁이 일어나 새로운 종류의 사업이 태동하고 있는 현시점에서 디지털 복합기업은 그들의 다양한 사업 분야를 활용해 새로운 시장에서의 시장점유율을 높여 가고 있다는 것이다.

돈 탭스콧 CEO는 "디지털 복합기업이야말로 21세기 경제를 이끌어 갈 대표기업이다. 산업혁명의 대표기업인 GM, AT&T, 엑손에 이 같은 디지털 복합기업은 좋은 롤모델이 될 것"이라고 말했다.

미래기업의 지속 가능성을 높이기 위한 조건으로는 '선한 행동이 좋은 결과를 낸다Do well by doing good'라는 관용구를 꼽았다. 과거에는 많은 기업이 악하게 행동함으로써 좋은 결과를 얻는 사회적 +소를 가지고 있었다. 노농 시장에서 작취를 하거나 개발비봉을

환경에 전가한 것이 바로 그 예다. 그는 "나 스스로도 이 격언에 대해서는 사실이 아니라고 생각했었다. 그러나 점점 이 이론에 불과했던 격언이 사실이 되는 시대가 오고 있다"고 설명했다.

그가 이처럼 선함을 강조한 것은 기업 간의 '연결성' 때문이다. 같은 시기에서는 어디에 있든지 모든 사업, 단체, 정부기관, 국가가 혼자 섬처럼 동떨어져 있을 수는 없다는 것이다. 돈 탭스콧 CEO는 "2008년 금융위기는 우리 사회가 모두 연결되어 있다는 사실을 알려 줬다. 결국 큰 그림을 보면 실패하고 있는 세상에서는 그 어떤 단체도 성공할 수 없다"고 말했다.

이 같은 연결성으로 인해 혁신 또한 외부에서 일어날 가능성이 높다. 과거 경제에서는 자본과 구성원의 재능이 중요한 열쇠였다. 그러나 지금은 자본 그 자체보다는 자본과 관련된 정보가 더 중요한 시대가 됐다. 그는 "지금은 자본과 재능을 기업이 가진 벽 밖에서 찾을 수 있는 시대가 됐다. 앞으로는 호기심과 협업을 통한 혁신이 중요한 열쇠가 될 것"이라고 강조했다.

한국 기업을 향한 조언도 아끼지 않았다. 한국 기업과 사회가 미래를 준비하기 위해서 필요한 조건에 대해 그는 "삼성전자, 현대자동차, LG전자, 포스코 등 기업은 모두 수직 통합적 계층 구조에서 벗어날 필요가 있다. 이제는 협업 네트워크 구조로 더욱 다가가야 할 때"라고 말했다.

CHAPTER **04**

新기업가정신
'SHARK'

Speed
– 빠른 기업만 살아남는다

빅뱅 디스럽션 시대에는 기업과 제품의 생명주기가 더욱 짧아지고 있다. 이런 시대 상황 속에서 기업 경영의 속도는 그 어느 때보다 중요해졌다. 기업경영의 조건 'SHARK'에서 '속도Speed'가 가장 첫 번째 글자를 차지한 이유다.

기업인들에게 속도경영은 이미 익숙하다. 특히 국내에서는 이건희 삼성그룹 회장이 2002년 음속을 뜻하는 '마하Mach, 초속 340m경영'을 화두로 제시하면서 빠른 사업 전환과 제품 개발을 강조한 바 있다. 다만 이 회장이 강조한 마하경영은 빠른 경영만을 말하지는 않았다. 마하경영의 핵심은 비행기가 마하의 속도로 나아가기 위해서는 설계도부터 엔진·소재·부품 등 모든 것을 바꿔야 한다는 기업 체질 개선의 성격이 강하다. 이 회장은 이에 대해 "제트기가 음속의 2배로 날려고 하면 엔진의 힘만 2배로 있다고 되는가. 재료공학부터 기초물리, 모든 재질과 소재가 바뀌어야 초음속으로 날 수 있다"고 했다.

최근의 속도경영은 이 회장의 마하경영에 창조적인 선택과 집중 전략이 가미돼 있다. 실제 삼성그룹도 이재용 부회장 체제에서 마하경영을 넘어 광속초낭 약 30만 km이라는 새로운 표현이 나오고 있다. 삼성그룹은 2010년 신수종사업으로 바이오제약, 의료기기, 전기차 배터리, 태양광, 발광다이오드LED를 정하고 동시다발적인 연구개발을 알렸다. 이후 글로벌 기업에 견줄 수 있는 바이오 부분과 전기차는 급속도로 사업을 확장한 반면 태양광, LED는 사업을 과감히 축소했다. 경쟁력이 약화된 화학·방산 부분은 과감히 인수합병에 나서기도 했다.

삼성그룹은 2014년 글로벌 제약사인 머크보다 빠른 생산기술을 갖춘 뒤 머크를 비롯해 스위스계 다국적 제약사인 로슈와 위탁생산계약을 체결하면서 세계 수위권 바이오업체로 올라섰다. 바이오시밀러사업은 통상 5년 걸린 개발 기간을 1년으로 단축했고, 2012년부터 생산공장 증설을 시작해 18만 ℓ 규모를 만들어내면서 단숨에 세계 3위로 올라섰다. 전기차 배터리 부분에서는 중국에 대규모 배터리 공장을 지었고, 세계적인 자동차 부품사인 마그나그룹의 전기차 배터리 사업부를 인수하면서 글로벌 시장에 뛰어들고 있다. 다양한 사업을 동시에 추진하고, 민첩하게 수익성 높은 사업을 택하면서 창조적인 속도경쟁에 나선 것이다.

일본 소니도 마찬가지다. 20세기 최고의 전자기업에서 21세기 대표적인 패자로 전락했던 소니는 새로운 속도경영으로 부활을 알리고 있다. 2015년 상반기 소니는 3조 7,007억 엔(약 39조 5,000억 원)의 매출과 1,159억 엔(약 1조 2,400억 원)의 당기순이익을 기록하며 히타치, 파나소닉, 도시바 등을 제치고 일본 전자업체 1위로 떠올랐다. 흑자전환은 5년 만의 일이다.

비결은 빠르게 다양한 사업을 추진한 뒤 초기 소비자 반응이 좋은 사업을 과감히 확대하고, 반응이 나쁜 사업은 바로 축소하면서 속도경영에 성공한 것이다. 예컨대 소니는 2012년 IT기기의 눈이 되는 이미지 센서 기술이 각광을 받자 사업 규모를 대폭 늘렸고, 애플과 삼성전자 등 글로벌 스마트폰업체에 모두 부품을 납품하면서 2014년 세계 시장점유율을 50%나 차지했다. 게임사업에서는 인터넷을 통해 사용자 간 게임이 가능하도록 업그레이드한 '플레이스테이션4'만으로 세계 시장에서 3,000만 대를 팔았다. 반면 과거에 소니를 이끌었지만 최근 적자를 면치 못한 TV사업부는 대폭 생산량을 축소했고, 'VAIO' 브랜드의 PC는 펀드에 과감히 매각했다. 수십 년간 회사의 상징적인 사업부였지만 과감한 결단으로 사업구조 재편에 성공한 셈이다.

김주영 서강대 경영학과 교수는 "미래기업이 살아남기 위해서는 부지런함이 필요하다. 부지런하다는 것은 민첩성Agility을 뜻한다"고 말했다. 미래기업은 끊임없이 고객 만족을 위해 부지런히 다양한 사업과 제품을 내놓아야 한다. 빠르게 신제품, 신사업을 계속해서 내놓으면서 고객과 소통하고 또 다른 신제품을 내는 기업이 성공한다.

High Quality Start-up
– 창업의 질을 높여라

신제품 홍수에 따른 제품 수명 감소로 미래 한국 기업의 생존 전략을 다시 짜야 할 때가 왔다. 'SHARK'의 두 번째 전략 'H'에서는 창업의 질을 높여야 한다는 의견이 제시됐다. 20대 청년 위주의 창업 지원이 아닌 30~40대 전문가 중심의 창업 지원 정책으로 전환해 고품질 창업을 육성하는 게 중요하다는 것이다.

《축적의 시간》 저자인 이정동 서울대 교수는 "맛집 추천이나 배달앱 등 가벼운 서비스 창업이 아닌 무거운, 높은 수준의 창업_{High Quality Start-up}이 나와야 할 것"이라고 지적했다. 높은 수준의 '무거운' 창업이란 타 산업 파급 효과가 큰 창업을 뜻한다. 이 교수는 "사회 경험이 많지 않은 젊은 층에 창업 지원이 몰리다 보니 스타트업 숫자에 비해 효과는 작다"고 설명했다.

구체적으로는 30대 박사급 연구원이나 기업에서 오랜 경험을 쌓은 40대 전문가들의 창업 지원으로 정책 방향이 바뀌어야 한다는 것이다. 이들이 창업한 기업에 20대가 취업하는 식으로 일자리 문제도 해결할 수 있고, 자연스럽게 노하우 전수가 이뤄지는 선순환이 가능해진다. 생존율도 자연히 높아진다.

현재 30~40대 경력자 창업에 대한 정부 지원은 거의 없는 실정이다. 그럼에도 무거운 창업을 시도하는 이들의 움직임이 점차 눈에 띄고 있다.

LG유플러스에서 신사업 팀장으로 일하던 이선웅 씨(43)는 만 40세가 되던 해 클라우드 솔루션을 제공하는 B2B 회사를 차렸다. 카이스트에서 석·박사 과정을 마치고 통신회사 엔지니어로서 커리어를 쌓았던 그는 러시아 주재원으로 파견되기도 했다. 대기업에서 상품을 개발하고 상용화했던 점, 해외 영업을 통해 쌓은 탄탄한 고객 네트워크, 그리고 기업에서 10명의 부하 직원을 이끌어 본 리더로서의 경험치는 그의 무기다. 이선웅 씨는 현재 한국법인과 러시아법인 두 곳을 차렸다. 한국에서는 8명의 직원을 두고 있고, 러시아 법인에는 개발자 40명을 고용해 일자리도 창출했다.

포항공대에서 학사부터 박사까지 마친 이예하 씨(38)도 1년 전 삼성전자에 사표를 내고 동료 2명과 함께 딥러닝 분야 신생기업을 창업했다. 이 씨는 "인공지능 등 차세대 산업에서 활용될 가능성이 크고, 다양한 사회 문제를 푸는 데 적합한 게 딥러닝 분야지만 대기업에서는 회사의 이익에 부합하는 주제만 연구해 갈증을 느꼈다. 연구 후 제품을 상용화해 본 경험이 창업에 자신감을 불어넣어 줬다"고 말했다.

전문가들은 우리나라가 무작정 실리콘밸리식 창업문화를 배울 것이 아니라 한국 실정에 맞는 창업환경을 갖춰야 할 것을 주문했다. 주목할 곳은 유럽이다. 실리콘밸리에서 비슷한 서비스의 스타트업이 수백 개 이상 생겨나 그중 한두 곳이 잭팟을 터뜨린다면, 유럽의 스타트업은 실리콘밸리에 비해 숫자는 적지만 생존율이 높은 알토란 회사가 많다. 단순 서비스 회사보다는 제조업 등 하드웨어에 기반을 둔 다양한 스타트업이 존재한다는 점도 유럽의 특징이다.

독일 대표 IT기업 SAP의 공동창업자 하소 플래트너는 사재를 털어 베를린 근교 포츠담에 기업가 양성 학교를 설립했다. 그는 "실리콘밸리만이 답은 아니다"라며 벤처업계를 후원했고 세계의 창업가들이 베를린에 몰려들어 활기찬 분위기를 조성해 가고 있다.

강유리 정보통신연구원의 보고서(2015)에 따르면 유럽 주요국의 스타트업 육성기관(액셀러레이터)의 지원 프로그램 수나 성과, 현황은 미국보다 한국의 액셀러레이터 현황과 유사한 것으로 나타났다. 한국과 유럽은 업계 자체의 노력에 더해 정부 차원의 역할이 균형을 이루고 있는데, 유럽에서는 제조업에 기반을 둔 무거운 창업도 제법 이뤄지고 있다.

　그러나 한국 상황은 다르다. 진대제 스카이레이크인베스트먼트 회장은 "현재 우리의 창업은 데이트 장소 관련 정보를 제공하는 것과 같은 SNS 서비스 앱에 한정돼 있다. 어려운 것은 피하다 보니 진짜 중요한 플랫폼 등을 만드는 사람은 없다"고 지적했다.

Audacity
– '패자부활전'을 許하라

정책이 아무리 잘 마련돼 있어도 많은 사람들이 도전에 나서는 '대담함Audacity'이 없으면 공허한 염불 외기다. 대담한 도전이 무모함으로 끝나지 않기 위해서는 실패를 용인하는 문화가 선행돼야 한다.

국내에서는 대기업이나 신생기업이나 여전히 실패를 두려워한다. 2015년 말 한국무역협회가 한국, 중국, 일본 대학(원)생 534명을 상대로 설문조사를 진행해 발표한 결과에 따르면, 한국 응답자는 창업의 가장 큰 장애 요인으로 '실패'를 가장 많이 꼽았다. 중국과 일본 응답자들이 실패에 대한 두려움보다는 '아이디어의 부재'를 주요한 장애 요인으로 거론한 것과는 사뭇 다른 결과였다.

2015년 말에는 한 제약회사가 신약 개발을 하지 못한 팀에 대해 '반성문'을 제출하라고 지시해 논란이 일었던 적도 있다. 연말

인사철마다 대기업에선 '신상필벌'이라는 원칙을 내세워 실패한 임직원에 대해 가차 없는 처분을 내리기도 한다. 이기대 스타트업얼라이언스 이사는 "이런 분위기에서 성공의 어머니가 실패라고 말하기엔 우리 조직문화가 너무나도 각박하게 굴러간다"고 지적했다.

송재용 서울대 교수는 "실패로부터 배울 수 있는 경영 시스템으로 바뀌어야 한다"고 강조했다. 구체적으로는 패자부활을 위한 제도 개선이 필요하다. 2015년 정부가 재기를 노리는 기업의 종전 채무를 최대 75%까지 낮춰 주는 등의 방안을 내놓았지만 현실에서는 아직도 부족하다는 평가가 나온다.

3M은 임직원의 숱한 실패로 오늘의 명성을 일군 회사다. 이 회사는 1902년 5명의 평범한 개인이 각각 1,000달러(약 120만 원)씩 출자해 만들어졌다. 20세기가 끝나기 전 세계 80위권의 우량 기업으로 성장한 비결은 많은 전문경영인들의 관심을 받고 있다. 3M이 공급하고 있는 제품군은 5만 5,000여 개에 이른다. 영국 파이낸셜타임스는 세계에서 가장 존경받는 50대 기업으로 이 회사를 선정한 바 있고, 제임스 콜린스 스탠퍼드 경영대학원 교수는 향후 50년, 100년 동안 지속적으로 성공을 유지할 기업은 3M이 유일하다고 강조하기도 했다.

3M의 경쟁력은 독특한 기업문화에 있다. 3M의 대부라고 불리는 윌리엄 맥나이트가 대부분의 조직문화를 창설한 것으로 알려

져 있다. 맥나이트는 회사가 창립한 지 5년 뒤인 1907년 경리 보조로 입사해 1929년 사장이 됐고, 1949년부터 1966년까지 이사회 의장직을 역임한 입지전적 인물이다. 적수공권赤手空拳의 젊은이에서 이사회 의장까지 올랐던 그의 일생이 3M의 역사를 고스란히 보여 준다.

그는 항상 3M의 임직원들에게 "아무 일도 하지 않는 것보다 무엇이든 하고 실패하는 것이 낫다"는 말을 강조했다. 이는 실패를 용인하면서도 '창의성'을 중시하는 3M의 문화를 단적으로 표현해 주는 말이기도 하다. 사람이 하는 일에 실패는 언제든지 따라올 수 있다. 하지만 그 사람이 기본적으로 옳은 일을 하고 있다면 그가 범한 실패는 장기적으로는 문제가 아닐 수 있다. 실패를 통해 또 다른 가능성을 발견할 수 있는 토대가 마련되기 때문이다. 오히려 실패를 허용하지 않고 실패에 대해 파괴적인 비판을 하는 경영은 주도성을 말살해 버린다는 게 맥나이트와 3M 임직원들의 지론이있다.

현재 3M은 개인의 아이디어를 포스터로 만들어 벽에 붙여 의견을 전달하는 방식을 쓰고 있다. 누구에게나 자신의 생각을 공유하고 가장 빠르게 피드백을 받을 수 있어서다. 큰 실패가 있기 전, 많은 이들의 피드백을 통해 아이디어의 완성도를 점차 높여 나가는 방식이다.

"한국을 비롯한 아시아 국가에서는 실패를 끌어안는 문화가 부족했다. 재기를 위한 제도 등이 갖춰진다면 세계적 기업들이 아시아권에서 얼마든지 등장할 수 있다." 지난 2014년 세계지식포럼에서 앤드루 맥아피 MIT 디지털비즈니스센터 수석연구원이 던진 일침이다. 이스라엘 벤처캐피털업체인 요즈마그룹의 이갈에를리히 회장도 "실패해도 좋다는 전제는 실패했다고 처벌해서는 안 된다는 것을 의미한다"고 누누이 강조해 왔다. 그가 생활하고 있는 이스라엘에서는 신생기업이 실패한 뒤에 정부 지원금을 반납해야 하는 채무 조항이 없다.

아울러 패자부활전이 가능하려면 임직원에게 더 많은 재량권을 부여해야 한다는 자문단 지적도 있었다. 기업이 지금처럼 안정적인 고용을 보장하지 못한다면 아예 계약 기간 동안 더 많은 재량권을 부여해 마음껏 창의성을 펼칠 수 있게 독려해야 한다는 것이다.

아직 한국 기업들이 받아들이기 힘든 부분이 더 많겠지만, 국내외 경영 전문가들은 미래의 기업과 고용인의 관계는 이렇게 흘러갈 것이라고 보고 있다. 하나의 직장에서 실패를 두려워하며 자리보전하는 사람의 미래는 없다는 얘기다.

전략사업을 발굴하기까지 많은 기업은 무수히 실패한다. GE와 구글도 지금 어느 분야에선 실패하고 있다. 대기업에서 전략사업을 이끌다 IT업체를 창업한 이 모 씨(44)는 "신사업 조직이 임무를 완수하지 못했다 해서 팀장이 짐을 싸거나 하는 일은 더 이상

없어야 한다. 오히려 그 실패를 반면교사 삼아 성장의 자양분으로 만들 수 있는 기업문화 도입이 시급하다"고 말했다.

Resources
– 자금·인재·기술이 모이는 도시

    삼성전자는 2014년 9월 미국 샌프란시스코에 신사옥을 세웠다. 지난 1983년 삼성전자가 미국에 진출한 이후 31년 만에 처음으로 세운 사옥이다.

    삼성전자가 미국, 그중에서도 실리콘밸리로 달려간 이유는 자명하다. 삼성전자가 필요로 하는 혁신을 이끌어 낼 인재들이 그곳에 있기 때문이다. 미래는 도시의 전쟁이다. 창조적 인재들이 모여들 수 있는 환경을 조성하는 것은 미래기업의 생존을 위한 핵심이기 때문이다. 〈매일경제〉가 지난 2013년 21차 국민보고대회 '원아시아 도시 선언'을 통해 "서울과 부산을 싱가포르, 상하이, 도쿄에 버금가는 메가시티로 육성해 경제 성장과 일자리 창출을 선도하는 창조경제의 중심으로 삼아야 한다"고 주장한 것도 이러한 이유에서다.

실제로 국가 간 도시 경쟁은 이미 현실에서 나타나고 있다. 그러나 '창조적 계급'이 모여드는 '창조메가시티'는 기업의 노력만으로 만들어지지 않는다. 국가는 물론 지방정부 및 사회 구성원들의 협력이 필수다. 글로벌 메가시티들을 자금, 인재, 기술을 끌어당기는 핵심적인 곳으로 만들기 위해 다양한 대책이 쏟아지고 있다. 세계적인 도시학자 리처드 플로리다 토론토대 교수가 "국토의 균형 발전이라는 환상을 버리고 서울을 세계적인 '메가시티'로 육성해야 한다"고 제안한 것도 이런 맥락이다. 그러나 우리의 현실은 아직 한참 뒤처져 있다.

우리가 경쟁해야 하는 일본은 아베 신조 총리의 리더십 아래 과거와 전혀 다른 모습으로 바뀌고 있다. 대표적인 예가 2015년 12월 이뤄진 지바시 드론 택배 전략특구 지정이다. 지바시에서 아베 총리에게 드론 택배에 관한 내용을 건의한 것은 2015년 11월 5일의 민관대화에서였다. 건의사항에 대해 정부 관료들은 곧바로 타당성 검토에 들어갔다. 과거 같으면 항공법 저촉, 안전성 문제 등 온갖 난제를 들먹이며 차일피일 결정을 미뤘겠지만 아베 정권은 달랐다. 아베 총리 스스로 팔을 걷어붙인 것이다.

아베 총리가 추진하는 규제 완화의 가장 큰 강점은 '속도'다. 총리 관저에서 특정 이슈에 대해 결론을 내리면 즉시 중의원 3분의 2를 장악하고 있는 연립여당 자민·공명당의 전폭적인 지원 아래 빠르게 정책으로 반영된다.

글로벌 도시 경쟁력 순위

도시	2014(년)	2012	2010	2008	도시	2014
뉴욕	1	1	1	1	자카르타	1
런던	2	2	2	2	마닐라	2
파리	3	3	4	3	아디스아바바	3
도쿄	4	4	3	4	상파울루	4
홍콩	5	5	5	5	뉴델리	5
로스앤젤레스	6	6	7	6	리우데자네이루	6
시카고	7	7	6	8	보고타	7
베이징	8	14	15	12	뭄바이	8
싱가포르	9	11	8	7	나이로비	9
워싱턴	10	10	13	11	쿠알라룸푸르	10
브뤼셀	11	9	11	13	방갈로르	11
서울	12	8	10	9	베이징	12
토론토	13	16	14	10	요하네스버그	13
시드니	14	12	9	16	콜카타	14
마드리드	15	18	17	14	이스탄불	15
비엔나	16	13	18	18	케이프타운	16
모스크바	17	19	25	19	첸나이	17
상해	18	21	21	20	튀니스	18
베를린	19	20	16	17	다카	19
부에노스아이레스	20	22	22	33	카라카스	20

자료: AT Kearney 컨설팅

전국에 분산된 한국 '규제프리존'

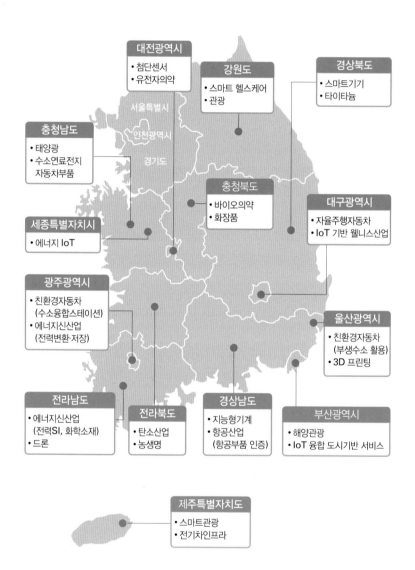

대전광역시
- 첨단센서
- 유전자의약

강원도
- 스마트 헬스케어
- 관광

경상북도
- 스마트기기
- 타이타늄

충청남도
- 태양광
- 수소연료전지
  자동차부품

서울특별시
인천광역시
경기도

충청북도
- 바이오의약
- 화장품

대구광역시
- 자율주행자동차
- IoT 기반 웰니스산업

세종특별자치시
- 에너지 IoT

광주광역시
- 친환경자동차
  (수소융합스테이션)
- 에너지신산업
  (전력변환·저장)

울산광역시
- 친환경자동차
  (부생수소 활용)
- 3D 프린팅

전라남도
- 에너지신산업
  (전력SI, 화학소재)
- 드론

전라북도
- 탄소산업
- 농생명

경상남도
- 지능형기계
- 항공산업
  (항공부품 인증)

부산광역시
- 해양관광
- IoT 융합 도시기반 서비스

제주특별자치도
- 스마트관광
- 전기차인프라

집중을 강조한 일본 '국가전략특구'

일본이 '잃어버린 20년' 탈출을 위해 성장의 발목을 잡아 온 규제를 혁신하는 지역을 선정함.

니가타
• 대형 농업단지 조성구역

효고야부
• 고랭지 농업특구

도쿄전역(가나가와&지바)
• 국제업무 및 혁신구역
• 도시개발, 외국인 의료관광

후쿠오카
• 외국인 투자지원
• 창업 특구

오키나와
• 국제 관광특구

오사카(교토)
• 외국인 의료관광
• 의약품, 로봇수술 특구

지바시 드론 택배 허용도 첫 논의에서 최종 결정까지 한 달 반이 채 걸리지 않았다. 관료들이 가급적 '되는 방향'으로 일하기 시작했다는 얘기다. 아베 총리는 직접 각종 회의를 주재하고, 규제를 완화하면서 이 때문에 피해를 보는 이해집단과 수시로 대화하며 대책을 협의하고 반발을 누그러뜨리고 있다. 환태평양경제동반자협정TPP 때문에 피해를 보는 농촌 지원대책을 세우기 위해 TPP 종합대책본부를 설립한 후, 직접 회의를 주재해 농식품 1조 엔(약 10조 1,000억 원) 수출 조기 달성과 농식품 수출 진흥을 위한 컨소시엄 설립 등을 약속한 것이 대표적이다.

비슷한 시기에 우리 정부 역시 '규제프리존'을 발표했다. 그러나 드론만 놓고 보더라도 전라남도가 지정됐다. 일본은 수도인 도쿄권역을 2014년 3월 제1차 국가전략특구로 지정했지만 우리는 서울·경기·인천 등 수도권을 배제한 나머지 14개 시도에서만 실시하기로 한 결과다. 관련 업계에서 "나눠 먹기 식으로 진행되는 전략산업 규제프리존이 과연 실효성을 가질지는 의문"이라는 말이 나오고 있다.

집중화, 고도화를 통해 관련 기술, 자금, 인재가 모이도록 만들어 줘도 부족한 때에 지역별 균형 발전이라는 프레임에 갇힌 상황에서 '자원의 집중을 통한 창조 활성화'는 요원한 얘기다. 《도시의 승리》를 집필한 에드워드 글레이저 하버드대 교수는 "지금까지 한국의 성장을 서울이 이끌었듯 미래 한국의 성장도 서울에서 나올 것이다. 서울에 모든 역량을 동원한 성장 전략을 펼쳐야 한다"고 꼬집었다.

Knit
– 아이디어 결합의 시대

    빅뱅 디스럽션 시대의 신新기업가정신 'SHARK', 그 다섯 번째 'K'는 바로 '결합Knit'이다.

    빅뱅 디스럽션 시대의 혁신에서 가장 중요한 것이 다양한 아이디어다. 특히 다양한 형태의 씨(아이디어)를 마구 파종해 잘되는 작물을 집중적으로 빠르게 키우는 방식으로 경영을 해야 하는 현시대에는 내·외부를 가리지 않고 다양한 아이디어를 받아들이는 움직임이 중요해졌다.

    이에 따라 대기업과 스타트업, 내부와 외부 간 긴밀한 결합이 중요한 요소로 떠올랐다. 대기업은 스타트업의 아이디어 구현을 자금이나 인재 지원을 통해 앞당겨 줄 수 있다. 대기업이 가진 네트워크와 스타트업 간의 협업을 통해 윈윈Win-Win이 가능하다는 얘기다. 김양민 서강대 교수는 "대기업은 스타트업을 통해 부족한

'창조능력'을 손쉽게 채울 수 있으며 스타트업은 단시간 내에 대규모 성장을 이룰 수 있다"고 말했다.

다양한 아이디어를 모으기 위해서 기업은 새로운 혁신을 위한 아이디어를 잘 활용하는 체제를 갖춰야 한다. 특히 아이디어를 내부에서 수집하는 것에 그쳐서는 안 된다. 회사 내·외부의 모든 아이디어를 끌어모으는 '크라우드 아이디에이션Crowd Ideation'이 필요하다.

글로벌 기업들은 일찍이 '오픈 이노베이션Open Innovation'이라는 용어를 기치로 걸고 내·외부의 다양한 아이디어를 받아들이고 있다. 그 대표적인 사례가 바로 테슬라, 샤오미, 하이얼, 아마존 등이다.

테슬라는 전기자동차 시장에서 배터리를 개발할 때 의외의 선택을 했다. 닛산과 여타 차량 제조업체들이 그랬던 것처럼, 차량 전용 배터리를 원점에서부터 개발하지 않았다. 오히려 파나소닉이 공급한 18650 폼 팩터Form Factor에서 약간 개조된 산업용 리튬이온Li-Ion 전지들을 이용해 충전 배터리 팩을 조립했다. 이는 개발비용 절감으로 이어졌고, 배터리를 자체 개발함으로써 향후 배터리 시장의 주도권을 뺏기지 않을 것이라는 선언과도 같은 것이었다.

김양민 교수는 "한국에 테슬라의 모델들이 빨리 들어와 국내 자동차산업에 자극을 주기를 기대한다. 마치 미래에서 바로 온 자동차 같은 테슬라의 모델들을 보면 왜 그렇게 많이 팔리지도 않은 테슬라의 주가가 올랐는지 알게 될 것"이라고 말했다.

테슬라뿐이 아니다. 샤오미는 홈페이지나 SNS를 통해 고객 반응을 수집하고 이를 매주 목요일 운영체제나 앱 업데이트에 즉각 반영하며 가격 절감을 위한 노력을 아끼지 않는다. 하이얼은 홈페이지를 통해 소비자 불만을 들을 뿐 아니라 아니라 해결책도 외부에서 구한다. 아마존의 TV 시트콤은 할리우드의 제작자가 택한 시나리오가 아니라 아마존 뷰어들이 뽑은 시나리오를 바탕으로 제작됐다.

연결Knit은 기업의 내·외부에서 아이디어를 찾는 것에 국한되지 않는다. 대기업과 중소기업 간의 다양한 협업 역시 미래기업에 필요한 연결의 덕목이다. 대기업의 시스템과 스타트업 기업의 재기 넘치는 아이디어가 공존할 수 있는 생태계 구축이 필요하다는 얘기다. 국내의 경우엔 일부 포털과 게임업체 등을 제외하고는 훌륭한 아이디어를 갖고 빠르게 성장하던 스타트업들이 오래 버티지 못하는 경우가 대부분이었다. 규모가 작은 국내 시장을 벗어나지 못하는 상황에서는 기본적인 성장 자체에 한계가 있는 것이 현실이다.

또 스타트업이 어렵게 구축한 시장에 대기업이 진출하면서 규모의 경쟁에서 스타트업이 밀리는 경우가 많았다. 대기업이 스타트업을 밀어낸 후 제대로 성장을 해서 커 나가지도 못하고 의사결정 속도 등에서 해외 경쟁기업보다 뒤떨어지면서 어렵게 구축한 시장에서 밀리는 경우가 허다했다. 신생기업과 대기업들이 경쟁이 아닌 협력을 통한 사업 확장을 꾀해야 한다는 얘기다. 한 벤처기업 대표는 "대기업은 스타트업을 통해 활력을 찾을 수 있고 스타트업은 성장의 시스템을 갖출 수 있다. 하지만 아직 한국에서는 소통이 이뤄지지 않고 있으며 이는 경쟁력 약화로 이어지고 있다"고 꼬집었다.

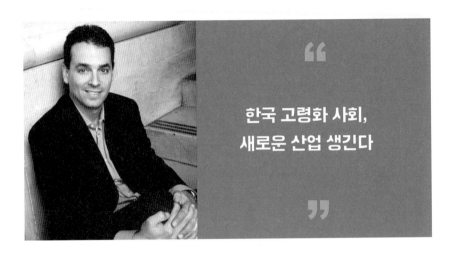

"
한국 고령화 사회, 새로운 산업 생긴다
"

    미래학자인 다니엘 핑크 박사는 미래기업의 가장 큰 적응 과제로 고령화와 더불어 인간과 기계의 조화를 꼽았다.

    핑크 박사는 "한국도 유럽, 미국과 같이 80세 이상 인구가 수천만 명이 되면서 새로운 기회가 생기고 나아가 새로운 산업이 창조될 것이다. 동시에 고령화에 따라 공공재정과 노동 시장에서 오는 어려움을 극복하는 것도 과제다. 다른 한 가지는 인간의 능력과 점점 더 똑똑해지는 기계를 어떻게 조화시킬 수 있느냐에 달렸다. 기업들은 로봇이 할 수 있는 일과 인간이 잘할 수 있는 일의 균형점을 찾아내야 한다"고 말했다.

    향후 기업의 지속성을 가늠할 핵심 요인으로는 '인재 양성'과

'적응력'을 꼽았다. 기업이 인간과 기계가 조화를 이루는 작업 환경을 고안해 낸다면 그다음엔 인재를 뽑아 교육하고 적절히 재능을 활용할 수 있는 시스템을 갖춰야 한다는 얘기다. 이 바탕 아래 가장 중요한 것은 항상 강조된 적응력이다. 그는 "앨빈 토플러는 21세기 가장 중요한 능력은 배우고, 또 배운 것을 벗겨 내고 새로운 것을 다시 배우는 능력이라 했다. 이 같은 적응력은 기업이나 개인 모두에게 필요한 것"이라 조언했다.

인재 양성과 이를 통한 적응력이 기업의 내부 역량 강화라면, 경계해야 할 외부 요인은 나라별 정치 현황과 스마트폰이라고 지적했다. 핑크 박사는 "유럽은 너무 넓고 많은 국가를 통제하는 데 어려움을 겪고 있고, 미국은 연방정부가 폐쇄될 정도로 신뢰를 잃었다. 경제 잠재력이 컸던 아프리카는 민주주의와 투명성의 결여 등 정치 요인 때문에 경제 성장이 이뤄지지 않고 있다"고 꼬집었다. 스마트폰은 개인에게 엄청난 인터넷 및 전산 능력을 통해 아주 좋은 결과, 또는 막대한 피해를 가져올 수 있는 능력이 상존해 경계할 필요가 있다고 전했다.

한국 대표기업에 대한 미래조언도 제시했다. 삼성전자와 현대자동차의 다음 과제가 관건이라는 시각이다. 그에 따르면 삼성은 스마트폰 사업을 잘해 왔지만, 스마트폰이 경쟁사와 차별성 없는 원자재 수준의 장치로 전락할 때 빠른 대안 제시가 필요하다. 현대차에 대해서는 아프리카 새 시장 공략과 세계적인 자율주행차 경쟁에서 살아남는 것이 다음 과제가 될 것이라 밝혔다.

중국과 일본도 현재 위기에 있다고 지적했다. 그는 "일본의 아베노믹스는 출발은 좋았지만 결국 불황에 물가까지 상승하는 스태그플레이션으로 치닫고 있고, 국가적으로 여성을 노동 시장에 끌어들이는 데도 실패하고 있다. 중국은 수년간 매우 빠르게 성장했지만 속도가 느려지고 있다. 그간 한국 기업들이 해 왔듯이 저가 정책에서 벗어나 제품의 가치를 높일 수 있는 개혁에 매진해야 할 것"이라 말했다.

핑크 박사는 미국 예일대에서 법학 박사 학위를 받았으며 앨 고어 전 미국 부통령의 수석 대변인을 지냈다.《프리 에이전트 시대가 오고 있다》,《새로운 미래가 온다》 등 세계적인 베스트셀러 작가로 34개국에서 200만 권 이상의 판매고를 올리며 주목받고 있다.

〈미래경제보고서〉 기업 자문단(가나다순)

국내

권태신 한국경제연구원 원장
심태호 AT커니코리아 대표파트너
이성용 베인앤컴퍼니코리아 대표
이정동 서울대 교수
정주환 카카오 부사장
진대제 스카이레이크인베스트먼트 회장

통합경영학회

강명수(한성대), 김기찬(가톨릭대), 김상훈(서울대), 김선식(숙명여대), 김세종(중소기업연구원장), 김수욱(서울대), 김양민(서강대), 김용진(서강대), 김재환(고려대), 김주권(건국대), 김주영(서강대), 김해룡(건국대), 김희탁(상명대), 남인우(중앙대), 노상규(서울대), 문송천(KAIST), 박경배(상지대), 박남규(서울대), 박병진(한양대), 박상규(강원대), 박종훈(서강대), 배종태(KAIST), 서현식(중앙대), 송재용(서울대), 안재현(KAIST), 예종석(한양대), 유창조(동국대), 윤창현(서울시립대), 이경묵(서울대), 이동기(서울대), 이동희(국민대), 이두희(고려대), 이병태(KAIST), 이병헌(광운대), 이상명(한양대), 이장우(경북대), 이장혁(고려대), 이형오(숙명여대), 이호근(연세대), 임영균(광운대), 임채운(서강대·경영학회 회장), 장대련(연세대), 장세진(KAIST), 정규석(강원대), 조남재(한양대), 최순권(부경대), 한상린(한양대), 허영도(울산대), 현영석(한남대), 홍재범(부경대)

해외

다니엘 핑크 미래학자
돈 탭스콧 탭스콧그룹 CEO
리처드 돕스 맥킨지글로벌연구소 소장
톰 켈리 IDEO 대표
팀 하포드 《경제학 카운슬링》 저자

대한민국 미래경제보고서

기업의 미래

초판 1쇄 2016년 3월 25일
　　2쇄 2016년 7월 15일

지은이 매일경제 미래경제보고서팀
펴낸이 전호림 **편집3팀장 및 담당PD** 고원상 **펴낸곳** 매경출판㈜
등　록 2003년 4월 24일(No. 2-3759)
주　소 우)04557 서울시 중구 충무로 2(필동1가) 매일경제 별관 2층 매경출판㈜
홈페이지 www.mkbook.co.kr
전　화 02)2000-2610(기획편집)　02)2000-2636(마케팅)　02)2000-2606(구입 문의)
팩　스 02)2000-2609 **이메일** publish@mk.co.kr
인쇄 · 제본 ㈜M-print　031)8071-0961

ISBN 979-11-5542-420-9(03320)
　　　 979-11-5542-424-7(SET)
값 8,000원